PARENTS' EDUCATIONAL SATISFACTION
AND PRESCHOOL EDUCATION
QUALITY ASSURANCE

家长满意度与学前教育质量评价

邓 峰 李敏谊 著

北京理工大学出版社
BEIJING INSTITUTE OF TECHNOLOGY PRESS

版权专有 侵权必究

图书在版编目（CIP）数据

家长满意度与学前教育质量评价／邓峰，李敏谊著．—北京：北京理工大学出版社，2021.4
ISBN 978-7-5682-8423-3

Ⅰ.①家… Ⅱ.①邓… ②李… Ⅲ.①学前教育-教育评估-研究 Ⅳ.①G610

中国版本图书馆 CIP 数据核字（2020）第 070754 号

出版发行　／　北京理工大学出版社有限责任公司	
社　　　址　／　北京市海淀区中关村南大街 5 号	
邮　　　编　／　100081	
电　　　话　／　（010）68914775（总编室）	
（010）82562903（教材售后服务热线）	
（010）68948351（其他图书服务热线）	
网　　　址　／　http：//www.bitpress.com.cn	
经　　　销　／　全国各地新华书店	
印　　　刷　／　三河市华骏印务包装有限公司	
开　　　本　／　710 毫米×1000 毫米　1/16	
印　　　张　／　14.25	责任编辑　／　梁铜华
字　　　数　／　193 千字	文案编辑　／　杜　枝
版　　　次　／　2021 年 4 月第 1 版　2021 年 4 月第 1 次印刷	责任校对　／　刘亚男
定　　　价　／　64.00 元	责任印制　／　李志强

图书出现印装质量问题，请拨打售后服务热线，本社负责调换

前　言

在 2007 年党的十七大报告中提出"重视学前教育"这一指导思想，2012 年党的十八大报告又进一步提出了"办好学前教育"的新要求。2017 年党的十九大报告将"幼有所育"纳入新时代中国特色社会主义思想和基本方略，视为重要的民生问题，再次强调要"办好学前教育"。学前教育政策话语的转变显现党中央对学前教育的重视关注程度明显加强，也显示了政府在学前教育发展上的职能定位（马兴，2014）。

学前教育作为国民教育体系的基础一环，"办好学前教育"的政策目标应该与国家教育改革和发展的总体战略相一致。《国家中长期教育改革和规划纲要（2010—2020）》中将"促进公平"与"提升质量"作为指引我国教育事业发展的工作方针。十九大报告中提出"努力让每个孩子都能享有公平而有质量的教育"。因此，公平和质量应该成为衡量学前教育办学质量的两个核心指标。公平而高质量的学前教育能够有效地打破贫困的代际循环，促进社会发展与稳定。

党的十七大和十八大报告都明确指出要"努力办好让人民满意的教育"。随后，2013 年 11 月 12 日通过的第十八届中央委员会第三次全体会议的相关公报，描绘出我国下一个十年改革的宏伟蓝图。后续发布的《中共中央关于全面深化改革若干重大问题的决定》提出"以促进社会公平正义、增进人民福祉为出发点和落脚点"，并要深化教育领域综合改革。教育部据此提出"深化教育领域综合改革，就是要以实现好、维护好、发展好最广大人民根本利益为依归……努力满足人民群众对多样化高质量教育的现实需求"。与此同时，教育部也于2013年正式开始在全国范围内进行教育满意度测评工作。这充分体现了党中央对教育事业的高度重视和优先发展教育的坚定决心。也充分体现了教育部为实现中国梦，决心办人民满意的教育的思想力和行动力。

目前，学前教育满意度研究大多以家长为研究对象。家长是孩子基本的教育者，天然地具有对孩子的教育权，幼儿园的教育权是家长教育权的让渡，因此，幼儿园教育是家长的委托。尊重父母的教育选择权，促进家长参与学校教育是当前教育改革运动的一个重要项目，国内外近年来诸多的教育改革措施，都在不同程度上反映出对父母参与教育的重视。家长应该而且有权利参与子女教育过程的认识与呼声，已渐渐被越来越多的人所接受。

我国颁布的《幼儿园教育指导纲要（试行）》第四部分"教育评价"的第二条指出："管理人员、教师、幼儿及其家长均是幼儿园教育评价工作的参与者。评价过程是各方共同参与、相互支持与合作的过程。"这是我国学前教育质量评价指导思想的一次显著转变，从单一评价转向多元评价。与单一评价相比，评价主体的多元化能够获得更加广泛和真实的信息，有助于克服偏见，从不同角度评价教育质量。同时还能增强评价各方的责任感和自信心，共同促进学前教育的发展。

家长视角就是请家长对幼儿园的各项教育情况进行测量，包括幼儿园教育的总体质量、课程质量、儿童发展质量、管理理念等，并在此基础上对幼儿园教育质量进行评价。家长作为儿童的法定监护人，不但对儿童的健康和安全负有责任，还有承担学前教育的责任。家长在观察幼儿活动和参与学前教育的过程中，能够更好地了解幼儿园的课程设置与培养目标，更加有针对性地提高儿童的发展水平，采取有效的教育策略。因此，在当前的学前教育质量评价的过程中引入家长视角是提升教育质量的内在需求，同时也是我国未来学前教育质量评价体系需要重点改革的内容之一。

本书主要利用一个学前教育以市场机制占主导的地级市和一个学前教育以政府供给占主导的地级市开展的家长满意度调查数据，系统分析了家长对学前教育的需求和择园机制，学前教育供给方式对家长满意度的影响，以及学前教育结构性质量和过程性质量对结果性质量的影响。

  本书的出版要感谢北京理工大学人文与社会科学学院的资助，感谢北京理工大学出版社编辑老师们的辛苦劳动。

  书中的纰漏与不当之处，恳请读者批评指正。

邓　峰

目 录

第一章 研究背景 ··· 1
  一、学前教育市场化与公益性的缺失 ····················· 1
  二、"办好学前教育"与"幼有所育"的政策目标 ········ 3
  三、儿童发展是学前教育质量的核心要素 ················ 3
  四、办人民满意的教育与家长满意度 ····················· 7
  五、家长作为学前教育质量评估参与者的挑战 ·········· 10

第二章 以市场为主的学前教育服务体系研究 ··············· 14
  一、学前教育作为准公共产品及市场机制 ················ 14
    （一）民办幼儿园在当前普及学前教育中占主体地位 ···· 14
    （二）我国学前教育社会化过程中的问题 ·············· 16
    （三）学前教育准公共产品的性质 ···················· 17
    （四）学前教育中的市场失灵和政府失灵 ·············· 20
    （五）学前教育公、民办并举的多元办园体制 ········· 23
  二、学前教育家长需求及满意度问卷统计分析 ·········· 24
    （一）教育经历与评价 ································ 25
    （二）教育期望与选择 ································ 39
    （三）分类描述性统计分析 ··························· 50
  三、学前教育家长教育需求和择园机制研究 ············ 65
    （一）问题提出 ······································· 66
    （二）文献综述 ······································· 67

（三）数据与模型 …………………………………………… 76
　　（四）结果 …………………………………………………… 77
　　（五）讨论及结论 …………………………………………… 86
四、不同办园体制幼儿园家长满意度的差异分析 ……………… 87
　　（一）问题提出 ……………………………………………… 88
　　（二）文献综述 ……………………………………………… 89
　　（三）研究方法 ……………………………………………… 96
　　（四）结果 …………………………………………………… 98
　　（五）讨论和结论 …………………………………………… 99

第三章　政府主导的学前教育公共服务体系质量研究 ………… 108
一、学前教育作为公共服务体的定位及政府角色 ……………… 108
　　（一）国际上学前教育从私人领域进入公共领域 ………… 108
　　（二）学前教育和保育对家庭和社会的作用 ……………… 109
　　（三）基于价值判断的学前教育公共服务定位 …………… 112
　　（四）政府在学前教育公共服务体系中的主导作用 ……… 114
　　（五）学前教育公共服务多元供给及责任划分 …………… 117
二、学前教育公共服务体系质量家长问卷统计分析 …………… 120
　　（一）样本总体情况分析 …………………………………… 121
　　（二）调查样本的分类分析 ………………………………… 128
三、政府主导的学前教育公共服务体系绩效分析 ……………… 169
　　（一）问题提出 ……………………………………………… 170
　　（二）文献综述 ……………………………………………… 171
　　（三）研究方法 ……………………………………………… 179
　　（四）研究结果 ……………………………………………… 179
　　（五）讨论及结论 …………………………………………… 182
四、以儿童发展为核心的学前教育质量保障体系分析 ………… 187
　　（一）问题提出 ……………………………………………… 187

（二）文献综述 …………………………………………… 189
　　（三）研究方法 …………………………………………… 200
　　（四）结果 ………………………………………………… 202
　　（五）讨论及结论 ………………………………………… 204
参考文献 ……………………………………………………… 207

第一章 研究背景

一、学前教育市场化与公益性的缺失

中华人民共和国成立后,为了动员女性更好地投入社会主义建设,消除她们的后顾之忧,学前教育得到了党和国家的高度重视。学前教育在此时是单位福利制度的组成部分,贯彻"为国家建设服务"的方针。《关于改革学制的决定》中就已经明确指出学前教育是基础教育的第一阶段。截至 20 世纪 80 年代末,我国学前教育的定位仍然是"托幼服务"的范畴,属于"社会公共福利事业"。幼儿园或者托儿所提供托幼服务主要是为了让女性更好地投入社会主义建设。以企事业单位为主体提供托幼服务的"单位职工福利"性质非常明显,是以单位为主体的分散化经费投入体制(刘焱,2009)。

1992 年"十四大"召开以后,我国各项事业向市场化推进,幼儿园也改制推向市场。市场化的改制使学前教育服务更多依赖市场、社会和公民个人承担,出现公办幼儿园数量逐渐减少、民办幼儿园数量呈现爆炸式增长的现象。学前教育政策和管理体制经历了从企业/社区福利服务为主到社会化服务为主的体系转变。

在学前教育的福利性被弱化的同时,学前教育的教育性日益得到重视。20 世纪 80 年代以后,由教育部颁布的有关学前教育的政策文本一直把学前教育明确规定为"社会主义教育事业的组成部分",系"基础教育的有机组成部分,是学校教育制度的基础阶段"。随着社会经济水平和人民生活水平的提高,人们对学前教育的希望不再只是照看幼儿的看护机构,而是能提供高水平的、科学的学前教育机构。计划生育政策的实施使得原本就具有重教传统的我国社会和家庭更加重视儿童的"优生、优育、优教"。

强调学前教育的教育性又使学前教育事业的发展随着义务教育的实施陷入了一种两头无着落的尴尬境地,学前教育既失去了以往计划经济体制下作为单位福利的经费来源渠道,也因为不属于义务教育范畴而被排除在政府教育财政性预算之外。学前教育面临着财政性经费的来源和投入问题,仅仅依靠市场和家庭购买,致使"入园难""入园贵"和"入园差"逐渐成为突出的社会问题(刘焱,2009)。

首先,学前教育在社会化的进程中,国家财政只投资于数量有限的公办幼儿园,这些公办幼儿园不但收费水平相对低廉并保持相对稳定,而且办学规范、教师素质高,成为群众最希望入读的幼儿园。但由于公办幼儿园学位数量有限,报名录取比例逐年增大,不能满足人民群众对优质学前教育的需要。虽然在政策支持下,民办学前教育机构发展很快,但仍然难以从根本上满足庞大的学前教育需求,导致了20世纪90年代中后期以来幼儿园的数量和在园儿童人数大幅下降(屈智勇 等,2011)。

学前教育供需的严重不平衡,使得高收费问题随之产生。一些优质公办幼儿园往往会收取赞助费及其他名目繁多的费用,使得家长的实际经济负担大于托幼服务费。要确保学前教育有一定的质量,幼儿园必须遵循一系列的办学规范,能够提供或配备特定的园舍设施设备、符合要求的教职员工、必要的日常公用经费支出等,这说明维持一定的教育质量需要一定的教育成本支出。民办幼儿园的收费标准由幼儿园按办学成本测算提出,报物价部门备案。但是民办幼儿园因政府财政保障水平较低甚至没有,只能通过高收费维持相对规范的办学行为和聘用有一定素质的教师队伍,由此形成"入园贵"的局面(步社民,2000)。

我国民办学前教育市场的不规范及政府扶持与监管的缺位,导致大多数的民办幼儿园处于低端运行状态。由于政府尚未建立公共服务体系，造成一小部分高端民办幼儿园实行高收费来保证学前教育质量，只有少数高收入人群才能够承受定位高端服务的幼儿园。大多数民办幼儿园，由于群众缴费能力的限制，缺乏起码的办园条件和人员素质，处于无序发展状态，服务质量低下（庞丽娟，2009）。在不能获得足够的保育费收入的情况下，民办幼儿园只能通过增加实际班额、缩减教职员工配备人数、降低教职员工工资、压缩正常教育经费支出等途径，维持低质量的"以教养教"，这样会陷入"低收费、低成本、低水平、低质量"的恶性循环，造成"入园差"的恶果（周永明 等，2010）。

二、"办好学前教育"与"幼有所育"的政策目标

联合国教科文组织制定的《2030 教育行动框架》（Education 2030：Incheon Declaration and Framework for Action—Towards Inclusive and Equitable Quality Education and Lifelong Learning for All）（UNESCO，2015）中也提出，到 2030 年每个儿童都应享有优质的学前教育和保育，学前教育也被列为可持续发展目标的子领域，从而纳入包容、公平和优质的全民终身教育体系中。联合国儿童基金会发布的《2015 后行动计划》（post-2015 action plan）报告中指出，儿童发展和教育的下一阶段的关键是减少因贫困和社会阶层差距带来的教育不公平问题，促进学前教育质量的可持续发展（孟倩，2018）。学前保教的质量提升及优质资源的公平获取也成为当今世界学前教育发展战略的价值追求。

三、儿童发展是学前教育质量的核心要素

学前教育结果的含义一种指儿童的发展，即儿童各领域发展的状况，其中认知发展可能是监测的重点，因为它被公认是儿童入学准备的重要方面。高质量的学前教育能对幼儿认知能力和非认知能力产生积极影响，它被公认是儿童入学准备的重要方面。Domitrovich（2013）

针对美国哈里斯堡地区幼儿园项目时间的长短对社会低收入家庭儿童入学准备的影响进行了研究。结果发现,那些入读3~4岁幼儿园共两年时间的幼儿在进入5岁班之后,在早期阅读和数学能力上获得的测验分数要显著高于只读一年幼儿园的幼儿。

另一种结果是学业情况。这种结果往往不是考察学前阶段的学业情况,而是考察儿童入园及学前教育机构的质量对儿童入小学以后学业的影响。采用儿童在小学、中学的成绩作为学前教育的产出指标时会发现,有质量的学前教育会给儿童今后的学校生活提供良好的开端。Fitzpatrick(2013)采用美国国家教育进步评价(National Assessment of Educational Progress)中的个体数据,考察佐治亚州儿童参加4岁学前班对其四年级时学业成绩的影响,结果发现儿童小学的学业成就受到4岁学前教育的积极影响,处于乡村地区和城市周边地区的处境不利儿童获益更大。

第三种结果是给社会带来的影响。比如儿童成了合格的公民,而不是青少年罪犯。但对这种结果的考察比较困难,不仅要做长期跟踪研究,而且会受到很多不可控因素的影响(Myers,2006)。研究发现高质量的有效学前教育将会给社会和教育界带来双重益处,如儿童成了合格的公民,拥有更高的收入和幸福感等。Chetty等人(2011)在一项基于田纳西州幼儿园项目的研究中,将儿童测试分数的百分位等级和他们到25~27岁时的平均年收入联系起来,发现二者呈线性关系,即测试分数每1个百分位的增长可以预测成年收入基本相同的增长率。Bartik(2013)根据儿童测试分数推测了美国Tulsa市的普及学前教育项目对参与者未来收入的影响。在考虑通货膨胀等因素后,推算出测试分数每1个百分位数的增长将对应1 502美元的收入增加。高质量的学前教育也可以在一定程度上减少贫困的代际传递效应(Sylva,1993)。学前教育在给个人带来巨大利益的同时,也能给社会带来巨大的利益。"将人力资本的投入直接指向幼儿是对公共资金更有效的利用"(蔡迎旗、冯晓霞,2007),众多有关早期教育成本—效益的研究都证实了这一点,如对美国开端计划的成本效益评估发现:为贫困家庭提供早期教育服务，可以减少这些孩子成年后的犯罪率和对社会救济的依赖，其结果大概是 1 美元的项目投入，将给社会带来 17 美元的收益（Ellsworth，1998）。

是否将儿童发展结果纳入学前教育质量监测或者评估指标还是一个具有争议性的问题（郭良菁 等，2006；潘月娟 等，2009）。美国大多数州的学前教育评估标准还不包括对儿童学习和发展水平的测量结果。一些学者主张将儿童发展评估标准同学前教育机构评估标准分离，不赞成将二者结合起来（Tout，2009）。美国一些州虽然已经发展出了早期学习标准，然而这些标准的主要作用是进行儿童评价或学前教育机构选择和实施课程时的参考，很少有州将其整合进学前教育机构质量评估标准之中。究其原因，首先是儿童发展评价结果的信效度不容易保证，且评价儿童非常耗费人力和物力；此外还与美国对学前教育质量的理解有关，他们认为学前教育机构的质量与儿童的发展水平并不存在线性的关系，学前机构的质量并不能被儿童发展水平直接、全面地反映出来。强调以儿童发展水平作为学前教育机构评估标准，可能会导致学前教育的功利化倾向。

澳大利亚实施的学前教育质量标准与美国不同，他们将儿童发展结果纳入标准之中。新标准的第一条就是学前教育机构实施课程要以"早期学习框架"为指导，力求儿童在以下五个方面都得到发展：拥有较强的自我认同感，与其所处的世界建立联系并参与其中，拥有较强的幸福感，成为自信的、积极的学习者，成为有效的沟通者。在进行新标准的评估过程中，评估人员会对儿童各个方面的表现进行直接评价，主要采用现场观察的方式。此外，新标准还增加了对儿童学术性知识的要求（刘昊，2013）。

儿童能否从幼儿园获益关键在质量（OECD，2012；Bauchmüller，2014）。全球发达国家越来越清楚地认识到儿童早期教育的质量关系到全社会与经济的发展，并认为在儿童一生中我们能做的最好的投资就是提供高质量的早期教育。由此，经济合作与发展组织发布《强势开端Ⅳ》（Start Strong Ⅳ），旨在探索各国如何使用监测体系以提升儿童早期教育与保育质量。儿童学习与发展结果是学前教育质量监测的核心构成，其监测领域包括了创造力、社会情绪能力、身心健康等（OECD，2015）。"促进所有儿童全面发展"已经成为近年世界银行教育项目的主要价值诉求。为此，世界银行开发了"SABER - ECD（the Systems Approach for Better Education Results - early childhood development）"政策评估框架，并在实践应用中被证明具有较强的国际适用性（Sayre，2015）。

评价是以标准为依据作出的价值判断。学前教育的评价标准要依据人们对托幼机构的性质和功能定位，决定人们以什么样的标准来衡量托幼机构是否达到了期望。自中华人民共和国成立后，幼儿园更多被定位为抚养、照料幼儿的福利机构，解除父母的后顾之忧，使父母能更好地参加社会主义建设。另一方面，儿童代表着未来的人力资源，儿童的发展品质决定着国家未来的经济和社会发展，决定着国家未来在全球的竞争力。随着对学前教育价值认识的深入，世界各国都开始将学前教育定位为奠基、提升全民素质的国家战略性事业。20世纪90年代，我国政府颁布了《九十年代中国儿童发展规划纲要》，把儿童的健康和发展工作纳入国民经济和社会发展的总体规划之中。随后又发布了《中国儿童发展纲要（2001—2010年）》《中国儿童发展纲要（2011—2020年）》，提高儿童整体素质，促进儿童身心健康、全面发展成为新时期儿童保健的重要目标和任务。我国2010年发布的《国务院关于当前发展学前教育的若干意见》明确指出学前教育"是终身学习的开端，是国民教育体系的重要组成部分""关系亿万儿童的健康成长，关系千家万户的切身利益，关系国家和民族的未来"，肯定了学前教育在国计民生中的重要地位。因此，幼儿园也是促进儿童身心和谐、健康、全面发展的教育机构。《幼儿园工作规程（2015）》也明确规定："幼儿园的任务是按照保育与教育相结合的原则，遵循幼儿身心发展特点和规律，实施德、智、体、美等方面全面发展的教育，促进幼儿身心和谐发展。"幼儿园保育和教育的主要目标是：促进幼儿身体正常发育和机能的协调发展，增强体质，促进心理健康，培养良好的生活习惯、卫生习惯和参加体育活动的兴趣。发展幼儿智力，培养正确运用感官和语言交往的基本能力，增进对环境的认识，培养有益的兴趣和求知欲望，培养初步的动手探究能力。萌发幼儿爱祖国、爱家乡、爱集体、爱劳动、爱科学的情感，培养诚实、自信、友爱、勇敢、勤学、好问、爱护公物、克服困难、讲礼貌、守纪律等良好的品德行为和习惯，以及活泼开朗的性格。培养幼儿初步感受美和表现美的情趣和能力。

教育质量是教育机构提供的教育服务满足个体和社会需要的特性（王敏，2000）。托幼机构的教育质量可以理解为托幼机构的教育满足相关利益主体某种需要的特性的总和。学前教育的相关主体包括儿童、政府、社区、举办者、家长等，其中儿童是学前教育价值形成体系中最根本的主体，满足儿童发展需要是学前教育质量的内在价值体现，满足其他相关主体需要则是学前教育质量的社会价值体现（周欣，2012）。因此，儿童的发展是衡量幼儿园教育质量的基本尺度，幼儿园教育质量主要反映儿童身心健康发展需要与幼儿园教育特征之间的价值关系。目前学界关于幼儿园教育质量较为一致的界定是幼儿园保育教育活动是否满足幼儿身心健康发展的需要及其满足幼儿身心健康发展需要的程度（Bryant，2010；刘霞，2004；彭兵，2013；李克建 等，2012；傅瑜 等，2014）。

促进幼儿的全面发展成为学前教育的重要职能，在评价托幼机构的质量和效益等问题时，对儿童发展的监测就必然要成为学前教育质量监控的重要内容。我国当前的学前教育质量评估系统缺乏对幼儿学习与发展状况的考察，其折射出的深层次原因是，现有的质量评估系统并未与时俱进地反映出当今对学前教育事业性质的新认识（刘昊，2014）。

四、办人民满意的教育与家长满意度

党的十七大和十八大报告都明确指出要"努力办好让人民满意的

教育"。随后，2013年11月12日通过的第十八届中央委员会第三次全体会议的相关公报，描绘出我国下一个十年改革的宏伟蓝图。后续发布的《中共中央关于全面深化改革若干重大问题的决定》（以下简称《决定》），提出"以促进社会公平正义、增进人民福祉为出发点和落脚点"，并要深化教育领域综合改革。教育部据此提出"深化教育领域综合改革，就是要以实现好、维护好、发展好最广大人民根本利益为依归……努力满足人民群众对多样化、高质量教育的现实需求"。与此同时，教育部也在2013年正式开始全国范围内的教育满意度测评工作。这充分体现了党中央对教育事业的高度重视，对优先发展教育的坚定决心。这也充分体现了教育部为实现中国梦，决心办人民满意的教育的思想力和行动力。

有关教育满意度的研究源自顾客满意度的相关研究。顾客满意度也称顾客满意度指数（Customer Satisfaction Index，CSI），它大约建立于20世纪70—80年代。顾客满意度是指消费者消费产品或服务之后对消费对象和消费过程的一种个性和主观的情感反映，是消费者对消费对象或消费过程的实际感知与期望值相比较之后形成的愉悦或失望的感觉状态。在对顾客满意概念理解的基础上，学者们基于适应水平理论、比较水平理论、公平理论、归因理论、认知不一致理论和相反过程理论等陆续推出了不同的顾客满意度模型。家长的教育满意度作为一个主观性的、总体的复杂概念，综合反映了家长对于教育质量和教育公平的总体感受。

随着经济和社会的发展，当前缺乏个性、标准单一的幼儿园越来越无法满足公众的需求，人民群众对层次分明、类型丰富的多样化优质学前教育的需求日益旺盛，学前教育的评估标准必然要随之做出相应的改变。市场能在一定程度上分散与限制专断权力。在公共服务的提供上之所以出现政府失灵，很重要的一点是政府公共服务存在太多的垄断和暴力，公众没有选择权，也没有监督权。与政府的权力约束不同，市场具有权力分散性，在权力的获得、权力的运作及权力的效果上都比较透明。市场更多是借助市场化的资源配置方式、透明化的竞争手段来分配市场资本,实现公共服务的竞争性供给(王海英,2013)。在市场的主宰下,各市场主体的资本不再成为衡量公共服务供给质量和供给效果的标准,而是更多地借助于其所提供服务的公众满意度和认可度。在市场运作中,公众用其裁判权、选择权分享了政府独断时的强制性权力(句华,2006)。多元化的评价主体是推进学前教育质量提升的重要力量,多种评价主体的参与可以有效促进各个评价主体之间的合作,从而形成评价共同体。合理的多元评价主体共同协作的评价机制,真正有助于幼儿园全面了解自身各方面的教育质量,为教育质量的最终改进提供依据,还有利于引起社会各界对幼儿园教育质量的关注和监督(黄爽 等,2018)。

幼儿园教育质量大致可以理解为幼儿园的教育满足相关利益主体某种需要的特性的总和,相关的利益主体是多元的,包括儿童、幼儿园、教师、家庭和社区等。由于不同主体在利益和教育价值观上存在差异,一方面,各利益相关主体应参与到学前教育质量标准的制定过程中,充分表达自己及所在群体的利益主张,确保评价标准具备科学性;另一方面,各利益相关主体参与到质量评价标准的实施过程,还可以保证评估结果的公正和客观性。一直以来,我国学前教育质量评估工作一般是由教育行政部门或者是其附属机构来操作,评估人员主要由政府部门工作人员构成,儿童家长或者幼儿园从业人员一般都被排除在评估人员之外。正是由于质量评估人员的单一构成,在学前教育质量评估标准的制定上,教育行政部门往往从自身的视角来看待学前教育质量,这样的质量评价既缺乏专业性,也不能保证公平、公正、公开,对幼儿园专业支持和质量提升的促进作用并不大(黄爽 等,2018)。

根据《国家中长期教育改革和发展规划纲要(2010—2020年)》精神:"管理人员、教师、幼儿及家长均是幼儿园教育评价工作的参与者,评价过程是各方共同参与、相互支持与合作的过程",在评价过程中要贯彻多主体参与的原则。学前教育基本公共服务涉及每个家庭的切身利益,是公共服务中最基础、最核心的部分。从社会公众对学前教育的现实需要来看，多元化服务、方便就近、有质量保证往往是家长选择的重点。一旦某一方面的需求没有得到满足，公众就会产生不满情绪。因此，学前教育公共服务体系建构要追求群众的满意度，就必须在质量层面、多样化层面提供丰富的选择（王海英，2014）。家长是学前教育最大的利益相关者，他们选择幼儿接受教育的方式及进入的学前教育机构都将深刻影响孩子未来的认知和非认知能力的发展，进而影响下一阶段的教育选择和供求关系。

五、家长作为学前教育质量评估参与者的挑战

学前教育市场存在的严重问题之一就是信息的不完整和不对称。有效率的市场竞争假定消费者拥有关于价格的充分信息和关于服务基本特征的信息（泰克希拉 等，2008），但是学前教育市场并不满足上述假设，主要问题之一就是学前教育市场存在严重的信息不对称问题。从产品质量信息属性来看，学前教育属于"信任品"。"信任品"这一概念由美国学者达比和长尼在尼尔森（Nelson，1970）"体验品"概念的基础上提出。尼尔森根据产品质量信息在购买前还是购买后获得，将产品划分为"搜寻品"和"体验品"两大类。搜寻品指在购买之前就可以通过观察了解其质量信息的产品，而体验品则只能在购买后通过个人的消费体验才能获得其质量方面的信息。达比和长尼在尼尔森分类的基础上进一步指出，有些产品即便在购买后，其信息也是不可验证的，他们将这类产品称之为"信任品"（Michael，1973）。

学前教育可以归入信任品的范围。首先，家长在选择幼儿园时并不能对园方提供的服务质量和价格进行详尽的比较，而只能在幼儿园或教师提供服务的互动过程中了解质量相关的信息；其次，由于学前教育质量评估客观标准的缺乏，以及学前教育质量投入因素和过程因素的不确定性，在儿童接受完学前教育后也难以通过第三方对服务质量进行验证。学前教育的这一特点使幼儿园在供给学前教育的过程中具有私人信息的优势，因此，园方有很强的动力进行虚假宣传，诱导

和欺诈家长,使其不能作出明智的选择。消费者同商家要建立有效契约,并以信息充分为基础。由于儿童家长无法对幼儿园的质量作出准确判断,所作出的选择也无法保证有效,因此,学前教育市场会存在"合约失灵"(Contract Failure)现象。

合约失灵理论是汉斯曼(Hansmann,1980)教授首先提出来的。他直指市场机制在某些情况下的局限:营利组织只有在以下条件都满足的情况下才会以体现社会效率最大化的数量和价格来提供商品和服务。其中,最为关键的因素是消费者能以合理成本获得以下信息:其一,在购买之前"货比三家",即能够对不同营利组织提供的产品和服务及其价格作出精确比较;其二,能够与营利组织"讨价还价"并达成合约;其三,可以要求营利组织如约履行双方达成的协议,若对方违约,则可获得救济。也正因如此,市场机制中的竞争机制得以发挥作用。优胜劣汰也是基于信息对称的基础之上的。但是如果在上述三个方面,消费者与生产者之间存在明显的信息不对称,尤其是消费者无法判断营利组织所提供的服务或商品时,双方便无法达成合约,或者即便达成合约,也难以判断对方是否履行合约。于是,在这些领域,竞争机制无法发挥作用,服务提供商就会"以次充好"来获得超额利润,损害消费者的利益。当事人之间的合约已然无法限制服务提供商的机会主义行为。这便是"合约失灵"现象(金锦萍,2018)。

汉斯曼进一步分析了合约失灵理论适用的主要场合:提供复杂的个人服务、服务的购买者和消费者分离、存在价格歧视和不完全贷款市场、提供公共物品等。在这些场合下,服务提供者的机会主义行为无法通过竞争机制予以遏制(田凯,2003)。

在服务购买者并不是最终消费者的情形下,合约失灵理论体现得相当明显:如果接受服务的人本身只是契约的受益人,而非缔约者(例如托儿所、养老院等),在这些机构中接受服务的是孩子和老人,而作为缔约方的孩子的父母或老人的子女自身不接受服务,就无从评估服务质量,也无法判断服务提供者是否按照约定履约(金锦萍,2018)。

按照合约失灵理论，幼儿园属于典型的服务缔约者（购买者）与消费者分离的场合，即便达成合约，缔约者也难以判断对方是否履行合约。于是竞争机制失效，之间的合约已然无法限制服务提供商的机会主义行为，服务提供商就会"以次充好"来获得超额利润，损害消费者的利益。这里以次充好的极致，便是削减成本，不断减少人员，尤其是专业人员的投入，最终使幼儿们不仅无法获得优质服务，甚至会成为被虐待的受害者（金锦萍，2018）。

有些幼儿园将家长视为消费者，迎合家长的需求，还产生了学校教育"小学化"的问题。服务于家长，满足家长的需要是与家长建立良好关系、实现家园配合的基础，也是市场经济条件下幼儿园生存与发展的前提之一。民办幼儿园的机构性质决定了家长满意度对其发展的整体影响，如果家长的满意度低，幼儿园的生源紧缺，就将直接影响幼儿园的生存和发展。民办幼儿园出于营利的目的，要在竞争中吸引更多的生源，在办园过程中会更加强调家长的满意度。但家长主要是根据主观需要及其满足需要的程度对幼儿园教育质量做出价值判断，不可避免会带有明显的成人视角，比如有些家长将儿童在幼儿园中掌握的知识量作为评价幼儿园教学质量的标准。在经济利益的驱动下，教学小学化的倾向在以往很多幼儿园中都普遍存在。这些幼儿园的举办者认定家长都倾向自己的孩子能多学英语或舞蹈等知识或技能，通过开设门类众多的"小学化"课程来增加家长的关注度，提高儿童的学习要求和知识量，进而达到增加幼儿园招生的目的。民办幼儿园内部普遍存在"游戏化"教学方式缺乏、"小学化"问题严重、将家长满意度作为衡量幼儿园教育质量标准的主要依据等弊端（原晋霞，2011）。农村幼儿园的课程"小学化"倾向也很严重（全国农村幼儿园课程现状调查，2012）。

虽然家长、社区或社会等利益相关主体对学前教育质量各有侧重，但都应以儿童身心健康发展为中介，幼儿园的教育活动通过满足儿童身心全面发展来满足各利益相关主体的诉求。满足儿童身心全面发展的需求应成为学前教育机构最主要的办学理念，学前教育机构对家长、社区、社会需要的满足不能违背这个最基本的价值追求，因此，儿童是学前教育机构质量评价体系中最根本的价值主体。在托幼机构教育质量的形成过程之中，幼儿身心健康发展的需要是主客体之间是否形成价值关系的标准，是托幼机构教育活动是否具有价值的标准（刘霞，2004）。

学前教育的小学化倾向于儿童的年龄阶段特点不相符合，有可能给儿童的身心发展带来长久的负面影响。童年只有一次，低质量的学前教育可能给儿童后继学习和终身发展带来难以弥补的负面影响（刘颖 等，2016）。如果这种"小学化""成人化"的学前教育质量观成为托幼机构追求的目标，那么儿童身心健康发展的本体价值将被社会需求、家长需要等外在价值取代，这对儿童的身体健康、认知能力、社会性、情绪情感等方面的全面发展是极其负面的。幼儿园应该对家长的需求进行合理区分，肯定和吸取家长需求中的合理成分，采取多种方式纠正家长不科学的教育理念（翟艳 等，2012）。应在全社会树立科学的儿童发展观念，防止某些托幼机构和管理部门由于利益的驱动对家长观念进行误导，避免和克服"劣币驱逐良币"的"格雷欣现象"，积极引领家长革新教育内容观，共同促进幼儿园教育教学改革（刘宝根 等，2006）。

第二章 以市场为主的学前教育服务体系研究

一、学前教育作为准公共产品及市场机制

(一) 民办幼儿园在当前普及学前教育中占主体地位

自20世纪80年代开始,世界各国对学前教育的重视程度越来越高。相关研究表明,学前教育对儿童的影响长远且广泛,无论是言语、认知、社会性的发展,还是对降低犯罪率、打破贫困的代际传递、提升社会公平水平都有深刻的作用(OECD,2012)。国际社会越来越关注学前教育的发展,世界各国和地区学前教育逐渐普及。

2015年联合国教科文组织发布的全球教育监测报告(CEFA Global Monitoring Report,2015)《成就与挑战》(Achievements and Challenges)显示,1999年全球学前教育毛入学率为33%,2012年增长到了54%,预计在2015年增长到58%,西欧及北美地区则高达90%以上。然而2012年入园率最高的国家为86%,最低的国家为19%,两者之间的差距高达67个百分点,而1999年的差距则为61个百分点。国家之间的入园率差距在这段时间内呈现增大趋势,而不是缩小,其中的关键原因是"很多国家尚未扩大学前教育公共资源","很多家庭须付费上私立园",因而进入私立教育机构的学前儿童比例从1999年的28%增加到了2012年的31%,远高于进入私立中小学就读的学生比例

(UNESCO，2015)。

《国家中长期教育改革和发展规划纲要（2010-2020年）》明确加快发展学前教育是落实教育优先发展战略的重要举措，到2020年我国要"基本普及学前教育"。针对人民群众的重要关切，从2011年起，国家连续实施三期学前教育三年行动计划。各级政府持续加大财政投入，扩大资源总量，学前教育在短短几年里实现了跨越式发展，2017年全国幼儿园的数量达到25.5万所，在园幼儿4 600万人，学前三年毛入园率达79.6%，超过了中高收入国家的平均水平，比2012年提高15.1个百分点。根据教育部统计数据，2016年，民办幼儿园及在园幼儿在数量、增幅上都高于公办幼儿园，民办幼儿园有15.42万所，占全国幼儿园总数的比例仍达64.3%，这说明公办幼儿园尚未具备独立支撑普惠性资源的能力（梁慧娟，2019）。

学前教育在很大程度上也受经济运行规律的影响，比如资源稀缺性。无论是发达国家还是发展中国家，其教育资源（包括教育财政经费或培训良好的教师）都面临着缺乏的问题，"稀缺性"是人类社会经济活动的一个基本前提。资源的稀缺性是人类社会面临的普遍问题，因此，才会对现有资源进行最大程度的利用，从经济学的教育而言，就是资源效用的最大化问题（曾晓东，2005）。对于学前教育而言，其作为社会公共服务的重要组成部分，不仅受教育规律的影响，还需要服从资源稀缺的经济规律。

托幼机构通过向入园儿童家庭收取保育费来维持教育机构的日常运行不能够保证学前教育的健康发展。一方面，学前教育具有正的外部效应，其教育成本不能完全由家庭独自承担，政府对学前教育具有一定的公共财政投入责任，不能使学前教育完全市场化；另一方面，市场化和市场机制是两个不同的概念。学前教育引入市场机制，可以优化资源配置，提高公共服务的效率。2020年前我国学前教育发展都是以民办幼儿园为主体，因此，地方政府应学会如何在"政府主导"的政策指引下，了解市场如何发生作用的机制和效果，充分利用市场机制的优越性来更好地服务学前教育公共服务体系的发展。

(二) 我国学前教育社会化过程中的问题

中华人民共和国成立以来进行了深刻的社会和经济变革,我国学前教育的发展随着社会发展进程也经过了几次起落。中华人民共和国成立后,党和国家对学前教育事业非常重视,在城市通过单位,在农村通过集体提供各种学前教育服务。这一阶段的学前教育主要是为了解除妇女参加社会主义建设的后顾之忧,学前教育作为福利制度的组成部分,贯彻的是"为国家建设服务"的方针。

自1978年改革开放以来,我国在各个层面都发生了广泛而深刻的变化,学前教育的管理体制及指导政策也随之发生了深刻变化。从1983年开始,我国学前教育从原先的"福利化办园"向"社会化办园"转型。这次转型的特征是办园核心目标由支持妇女就业到提高国民素质,组织依托由单位到单位和社会的多元,且以社会为主,举办主体由单位向个人转移,经费由举办主体负责筹措(屈智勇 等,2011)。当时的学前教育办园体制复杂,包括教育部门办园,即财政预算支持的幼儿园;其他部门办园,主要包括机关、部队、事业单位、社会团体和国有企业办的幼儿园;集体办园,包括城市的集体所有制企业园、街道园和农村集体办的幼儿园;以及民办幼儿园(冯晓霞,2010)。教育部门、其他部门及集体所举办的幼儿园能占到幼儿园总数的九成左右,这些幼儿园的经费主要是政府、单位和家庭共同分担,家庭负担经费的比例不高。

1992年,中共"十四大"会议中提出要建设社会主义市场经济体制。随着市场经济体制改革与企事业单位社会化改革的逐步开展,在剥离单位办社会职能的过程中,学前教育的经济基础和组织基础受到了巨大冲击,"公办"性质的幼儿园,特别是企事业单位和集体办的幼儿园被关闭、转让或者改制,自负盈亏。与此同时,我国进行了学前教育办园体制和管理体制市场化方向的改革。1996—2003年,政府相继颁布了一系列支持社会力量办园的政策。比如2003年年初国务院办公厅发布的《关于学前教育改革与发展的指导意见(国办发〔2003〕

13号)》"今后5年(2003—2007年)学前教育改革的总目标是：形成以公办幼儿园为骨干和示范，以社会力量兴办为主体，公办与民办、正规与非正规教育相结合的发展格局"。在中央政府定位的学前教育社会化改革与地方政府实际操作过度与偏离的影响下，许多地方政府将发展学前教育的责任推向社会，完全靠家长付费且要从中营利的民办幼儿园数量呈现爆炸式增长，其数量远远超过公办幼儿园的数量，公共资金对学前教育的支持实际上变得越来越少。

在当时国家教育经费有限的情况下，政府采取优先保障义务教育，实行社会力量兴办为主体、公办与民办并举的学前教育发展思路，但这种市场化取向更多依赖于公民个人分担和社会供给，导致入园难、入园贵、入园差等问题日益突出，成为社会强烈反映的民生问题。

学前教育市场化的改制使得市场、社会和家庭承担更多责任，政府供给明显减少，学前教育资源的配置也日趋不均衡。儿童由于所就读幼儿园类型的不同，其接受优质学前教育的机会也严重不均衡，学前教育对城市低收入家庭及广大农村家庭儿童的教育补偿功能无法发挥作用。学前教育公益性的丧失有可能为将来的社会问题埋下隐患。

(三) 学前教育准公共产品的性质

社会产品具有不同的属性，主要包括公共产品、私人产品和准公共产品。公共产品以非竞争性和非排他性为主要特点，私人产品则具有与其相反的竞争性和排他性，而准公共产品介于两者之间。政府在发展学前教育中的作用出现偏差，主要原因就是对学前教育的产品属性认识不清。性质定位不清是长期制约我国学前教育健康发展的根本原因，直接导致了政府职责不明、履责不力。对此，学前教育发展政策的制定要建立在对学前教育的性质明确定位的基础上，进而阐明政府在学前教育发展中的职责定位。

我国多数研究在探讨学前教育供给方式时都将其划入准公共产品的范畴。学前教育的"准公共产品"属性判定是基于经济学中公共产品理论的分析。公共产品的思想来源于休谟和亚当·斯密等，美国经济学家保罗·萨缪尔森（Samuelson，1999）则对现代公共产品理论做出了开创性的贡献。在萨缪尔森看来，公共产品的性质是"将该产品的效用扩展于他人的成本为零，因而也无法排除他人共享"。对某种服务或物品是否属于公共产品的范畴，主要判断依据是其是否具有受益的非排他性和消费的非竞争性。受益的非排他性是指增加一个消费者并不妨碍其他人对这一产品同时消费或享用，可以简单理解为任何人无须付款，均可享用；而消费的非竞争性则强调增加一个消费者并不影响其他人对该产品的消费数量和质量。经由市场机制通过企业或者个人来提供公共产品一般难以实现，提供公共产品是政府进行公共服务的基本形式。

就教育领域而言，目前我国学术界普遍认为义务教育属于公共产品，由政府免费提供。学前教育就不是典型的公共产品。在普及学前教育的问题上，有人主张把学前三年教育纳入义务教育范畴。但是学前教育的普及规模和程度，还取决于广大家长对于学前教育的认识和选择偏好。人们对于儿童在家庭接受学前教育还是在托幼机构接受社会化的学前教育孰优孰劣还没有达成一致的意见。如果家长认为其子女更适宜在家庭中接受学前教育，政府和社会对家长的教育选择应该予以尊重。虽然政府可以为学前教育的普及做出种种努力，但是普及学前教育应是一种社会倡导而非强制义务（刘焱，2009）。

在现实生活中纯粹的公共产品是极少见的，布坎南后来发展了这一理论，进一步在公共产品中区分了纯公共产品和非纯公共产品。准公共产品在消费中具有排斥性，即只有那些按价付款的人才能享受该物品。学前教育中可以通过收费轻易地实现排他，且排他成本也并不高（江夏，2017）。准公共产品在消费过程中具有竞争性，某物品被一个人消费，那么其他人对该物品数量或质量的消费会被减少。学前教育资源受稀缺性的影响，其供给必然是有限的，消费过程中不可避免存在竞争性，如果学前教育的需求愈发旺盛，人均所能消费的产品必将减少。比如，当幼儿园的班级规模不断增大时，老师分配给每个学生的精力就会不断减少。此外，学前教育种类众多，层次间的差距也很大，社会中的上层家庭会利用各种资源对优质学前教育机会展开竞争。针对普通民众或弱势群体且具备基本质量的学前教育才具备公共产品的一般属性。

另一方面，学前教育不仅能使受教育者本人受益，还能使整个社会受益，即存在明显的正外部性。长期以来，人们习惯上把学前教育看作私人产品，认为学前教育提供是个人和家庭的事，但最新的研究发现学前教育不但可以给个人和家庭带来巨大的经济收益，而且具有广泛的利益外溢性特点（蔡迎旗、冯晓霞，2007）。Heckman（2007）曾指出："儿童在某一阶段获得的能力不仅影响他在该阶段的总体发展，还会影响他在下一年龄阶段的学习和发展"（University of Wisconsin – Madison Institute for Research on Poverty，2005）。Verry 和 Donald（2003）也认为学前教育可以促进幼儿大脑和社会性的发展，能有效提高幼儿未来的阅读水平和生产能力，从而提高其收入水平。

高质量的学前教育有利于儿童个体的健康和成长、母亲和家庭整体效用的提高，还能为受教育的适龄儿童及家庭之外的其他社会成员带来经济和非经济的收益，比如学前教育可以提高社会整体的人力资源质量，提升未来劳动者的生产力，促进妇女平等就业机会扩大，切断贫困在代际间的传递，节约社会福利支出，促进社会和谐和公平等。学前教育外部性的受益者是社会整体，并且外部性具有非竞争性和非排他性，多一个人享受这种外部性的收益，并不需要减少另一个人享受这种外部性的收益，并且很难运用技术手段将某些人排除在这种外部性的收益之外。

学前教育的准公共产品性质得以确认后，政府在学前教育中就需要承担不可推卸的生产和提供的责任。对于具有外部性产品的供给，如果由私人部门来进行提供的话，当私人收益小于社会收益，将使按私人边际收益和成本进行决策并追求效用最大化的个人供给量小于社会最优的供给量，从而造成效率的损失。政府应为学前教育提供财政支持，将其纳入公共财政体系。此外，如果由市场独自提供准公共产品，由于存在一定的外部性及局部排他性，难以明确定位受益者，提供者的生产成本也难以得到补偿（陈小安，2002）。由于受教育的适龄儿童不能完全享有学前教育的所有收益，所以根据"谁受益、谁负担"的原则，其家庭也不应完全承担学前教育的成本。否则，学前教育的需求侧就会表现出动力不足的现象，比如家庭对学前教育的投资热情不高，幼儿园入园积极性下降，学前教育水平低下，从而对整个社会的人力资本积累带来很大损失。

要防止上述情况的发生，只能由政府承担学前教育公共服务责任，用公共资金补偿学前教育带来的社会收益，从而提高学前教育的供给水平，实现学前教育的供需均衡（王水娟 等，2013）。基于学前教育公共外部性给整个社会带来了额外的收益，政府有必要对幼儿家庭、学前教育服务机构投资学前教育产生的正外部性给予补偿，以保证学前教育充足的供给（佘宇，2013）。

（四）学前教育中的市场失灵和政府失灵

政府要干预学前教育与市场的缺陷有关。古典经济学的创始人亚当·斯密（Adam Smith）认为，经济活动具有自然秩序，只要给予充分自由的内外部环境，资源就会被市场机制自动调节配置，社会利益将最大程度得以达成。理论上，学前教育通过引入市场机制可以提高资源配置的效率，优化资源配置的结构，提高公共资源的使用效率。但是市场机制单独作用并不一定能使资源配置达到最优化和社会福利最大化。市场充分竞争很多时候只是一种理想状态，信息不对称、自然垄断及外部性的存在可能导致市场失灵，此时价格体系传递信息的功能不再有效，市场会失去调节机制的有效性（黄幼岩，2006）。波兰尼（2007）认为，"自我调节市场"的支配原则是"图利"，而逐利动机太强的时候极容易走向"脱嵌"，违背市场在提供学前教育公共服务中应该履行的社会责任。中国目前的发展阶段，市场发育不完善的情况还普遍存在，民办幼儿园在快速发展的同时并不能保证有效竞争（王彦波 等，2017）。

学前教育发展如果走向市场化，学前教育经费主要由家庭来分担，在实践过程中就会出现学前教育收入超过实际运行成本的营利性安排。当前所谓的贵族幼儿园、天价幼儿园实际上都是营利性质的商业机构。学前教育的信息不对称及家长对幼儿园质量缺乏一定的评判能力，再加上家长对不能输在起跑线上的焦虑，给个别幼儿园留下很高的营利空间。此外，由于受到经济利益驱动，在我国以往许多幼儿园中出现了教学小学化发展的倾向。通过开设名目繁多的"小学化"课程来吸引家长的眼球，从而扩大幼儿园的生源规模。科学性的缺失使"以儿童发展为本"的早期教育价值被忽视，结果会导致急功近利、违背和歪曲教育规律的行为和做法，不利于孩子的终身发展（郭宗莉，2010）。

市场机制是在利益驱动下进行平等交换的机制。市场经济的基本功能要通过价格机制来发生作用，市场配置资源就是要将资源配置到能够支付且愿意支付者那里，资源的使用效率因此得以提高。据此，社会补偿性的学前教育是市场失灵的，通过市场将资源配置到社会补偿性服务中不具备现实性，因为私人利益而非公共利益是市场机制的内在驱动力。如果对市场缺乏必要的限制，对私人利益的追逐就会让市场陷入无序状态，学前教育的公共性质也会因此改变（劳凯声，2005）。学前教育过度的市场化会对教育公平造成伤害，进而社会矛盾和冲突也会显现。比如通过市场手段供给边远农村地区的学前教育无法得到充分补偿，加之信息非对称问题及学前教育效果存在的迟滞效应，仅靠市场机制无法实现充足、有效地供给学前教育。社会化、市场化的学前教育供给模式会造成资源配置失效和教育分配不公的社会矛盾，严重阻碍社会公共服务均等化目标的实现。据此，政府承担学前教育供给责任的最直接理由就是市场机制的失灵（蔡迎旗等，2007）。市场失灵给政府参与学前教育提供了必要性和合法性。政府提供学前教育既是社会对处境不利儿童进行补偿服务，也支持了家庭功能的实现，同时是营造儿童良好生长环境的根本，这是政府的根本职责（曾晓东，2005）。

随着学前教育对社会、个体及家庭的价值被公众越来越深刻地了解，我国政府也开始对社会化的学前教育体制进行改革，对民办学前教育机构进行规范管理，发挥政府对学前教育的主导作用，大力举办公办幼儿园，同时加强学前教育事业发展的监督、协调和管理责任。

政府同市场一样，也是有缺陷的，也会犯错误，存在政府失效问题。政府可以划分为中央政府、地方政府、政府部门及相应的各级政府官员。各级政府在利益上大体是一致的，但是落实到具体政策目标则可能存在差异，各种目标交织在一起，容易使政府在学前教育供给改革中偏离其预期目标。在学前教育具体的发展过程中，地方政府会利用政策中的漏洞，造成"上有政策，下有对策"的情况。在社会主义市场经济转型的过程中，政府引导幼儿园脱离原来所属的主管部门进行社会化改革，幼儿园的自身生存和发展可能受到不利影响，进而造成学前教育事业的停滞不前。这种改革派生出来的外部性当时不容易察觉，但是其负面影响在一定时间后就会逐渐显露出来。再加上地方政府的管理者更加重视短期效益，对这种潜在的负外部性影响会选择忽视（王彦波 等，2017）。

近年来，国家提出将学前教育纳入基本公共服务体系，政府重新承担起发展学前教育的责任，纷纷将变卖的幼儿园重新赎回，并开始新建和改扩建幼儿园，我国学前教育逐渐呈现政府主导的供给模式。但一些地方政府有将学前教育基本公共服务等同于政府服务的倾向，拟再度财政包揽和垄断基本公共服务，重新回归计划经济老路。仅靠财政投入解决所有适龄儿童接受学前教育的问题，实际上这是很多政府力所不能及的事情；此外，政府这种不理智的行为还会伤害多年艰难培育起来的民间学前教育资源，阻碍公众对学前教育多样化需求的满足，同时增加学前教育基本公共服务的风险（原晋霞，2013）。如果缺乏市场竞争和社会参与，单纯依靠政府提供学前教育公共服务，会导致学前教育公共服务成本增大，效率低下，政府负担沉重，无法满足日益增长的多样化需求，不利于整体提升学前教育公共服务质量与效率。

政府制定公共政策还会受到决策信息不完全的限制。在社会转型期,各种社会要素复杂多变,由于决策过程的复杂造成政府部门效率不高,再加上信息来源的复杂性和多边性,政府及有关部门对信息收集和分析的难度都提高很多。如果政府根据不准确或不完全的信息作出决策,将难以达到预期的政策目标,从而体现出公共政策面对复杂社会的局限性。政府作为一个非竞争性的公共选择主体,其提供公共服务和公共产品的数量与质量可能与社会公共需要不一致。可能的偏差包括社会需求由于供给不足而无法得到充分满足,也有可能供给过量超出公众需求而导致预算资金的超支,还有可能因缺少约束导致供给成本超过实际所需成本而造成社会资源的浪费等(周义程,2005)。

(五)学前教育公、民办并举的多元办园体制

美国经济学家伯顿·韦斯布罗德(Burton Weisbrod)在20世纪70年代提出了市场失灵(Market Failure)理论和政府失灵(Government Failure)理论。市场失灵理论认为由于存在搭便车的现象,市场机制无法有效提供公共产品,提供公共产品的责任应由政府来承担。但是政府在承担提供公共产品的责任时,由于民众需求的广泛性,倾向于满足中位选民的需求。这种偏好带来的后果就是部分人对公共物品的过度需求和另一部分人对公共物品的特殊需求得不到满足(金锦萍,2018)。

面对日益强烈、多层次、多样化的学前教育需求,单纯依靠政府供给机制很难解决。20世纪90年代以来,面对公共行政合法性危机,新型的政府职能理论逐步形成,包括"新公共行政""新公共管理""政府再造"等理论。政府需要转变自身职能,为其他利益相关者的介入提供可能,并且以更加开放的姿态悦纳它们参与到公共事务治理当中。仅仅由政府生产和提供的有限的学前教育资源并不能满足所有适龄儿童的需求,学前教育服务的提供需要吸引社会和市场共同参与,由政府、家庭和社会合理分担教育成本(郑子莹 等,2012)。

本质上,市场是一套分工协调的机制(汪丁丁,2007),政府、社会和公民间经由市场的勾连而得以有效互动。作为一项社会制度,市

场需要在政府的治理框架内运行，市场也需要关注公民社会的公共需求，需要对公众诉求及社会政策作出及时的呼应。在社会发展的不同阶段，市场同某一特定社会都紧密连接，要为公众提供多层次的公共服务，满足不同群体的差异化需求。

当前我国学前教育公共服务面临均等化与多样化需求。由于政府与市场双重失灵问题，单一的市场或政府的行为，都不可能有效地解决学前教育供给效率、公平和质量问题。为有效化解学前教育供给中的市场失灵与政府失效，必须将代表公平的政府供给与强调效率的市场化供给模式相结合，政府与市场、社会应共同发挥各自优势。在多元合作供给中首先发挥政府的主导作用，同时引入市场竞争机制和社会志愿机制，引导和激励市场、社会多主体参与。

2010年《国家中长期教育改革和发展规划纲要（2010—2020年）》与《关于当前发展学前教育的若干意见》发布，明确提出建立政府主导、社会参与、公办民办并举的办园体制。根据意见，我国将"大力发展公办幼儿园，积极扶持民办幼儿园"，其中公办幼儿园功能定位于"广覆盖、保基本"，民办幼儿园发展趋向是面向大众的普惠性幼儿园，并将得到政府更多的扶持。2012年6月18日，教育部颁发《关于鼓励和引导民间资金进入教育领域促进民办教育健康发展的实施意见（教发〔2012〕10号）》，鼓励民间资金进入学前教育领域。可以看出，政策将引导我国学前教育发展形成政府主导、公办民办并举的格局。不应简单地将基本公共服务与免费服务画等号，而应探索合理的成本分担机制，政府、社会和家长作为学前教育受益者，都应承担一定的成本（原晋霞，2013）。

二、学前教育家长需求及满意度问卷统计分析

宁德市地处福建闽东地区，东临浩瀚的东海，与台湾隔海相望，处在长江三角洲、珠江三角洲两个经济发达地区的中心，南接省会福州市，是福建距离"长三角"和日本、韩国最近的中心城市。

宁德市人民政府一直以来都高度重视学前教育的发展，并于2011年1月出台了《关于加快学前教育发展的意见》（以下简称《意见》）。《意见》指出，在市委、市政府的正确领导下，宁德市学前教育事业有了长足发展，2010年，全市共有幼儿园323所，在园幼儿8.95万人，比2005年增加3.32万人，学前三年入园率90.03%，比2005年提高8个百分点，办园条件不断改善，优质资源逐步扩大。但从总体上看，学前教育仍然是各级各类教育中的薄弱环节，幼儿园不仅数量不足，容量也有限，按照标准，全市各类幼儿园仅能容纳5.5万人，且城乡之间、县域之间、园际之间发展不够平衡，教师队伍数量不足、素质不高，难以满足人民群众对高质量学前教育的要求。当前，积极发展学前教育刻不容缓。

在2013年发布的《学前教育三年发展规划》中指出，作为高速发展的新兴城市，市民对学前教育资源的需求不断增加，但宁德市优质学前教育资源相对短缺，主要表现在公办幼儿园严重不足、幼儿教师严重缺编及学历与专业水平有待提高、学前教育经费投入不足、新建小区幼儿园配套设施落实艰难、农村乡镇中心幼儿园发展缓慢、民办幼儿园仍存在不规范等。宁德市比较适合研究如何利用市场机制解决学前教育入学问题。

（一）教育经历与评价

1. 受教育程度期望

2010年，《国务院关于当前发展学前教育的若干意见》中提出"发展学前教育，必须坚持公益性和普惠性，努力构建覆盖城乡、布局合理的学前教育公共服务体系，保障适龄儿童接受基本的、有质量的学前教育""必须坚持因地制宜，从实际出发，为幼儿和家长提供方便就近、灵活多样、多种层次的学前教育服务"。2011年福建省颁布的《学前教育三年行动计划（2011—2013年）》中指出，2011—2012年，在全省新建、改扩建469所公办幼儿园，实现每个街道（乡镇）至少有1所公办幼儿园；2012年年底再完成300所建设任务，重点解决城区和城乡接合部"入园难"问题。通过三年规划建设,努力扩大公办幼儿园数量和公办幼儿园在园幼儿数的比例。

在本研究样本中,到校距离为1千米、2千米、0.5千米的样本数最多,平均到校距离为1.46千米;到校时间为10分钟、5分钟、15分钟的样本数最多(参见图2-1),平均到校时间为10.8分钟。可以看出,宁德市幼儿园的城乡布局较为合理,能够为幼儿和家长提供方便就近的、基本的学前教育。

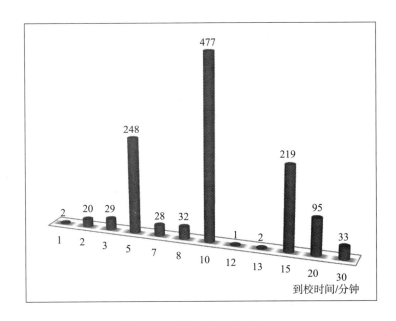

图 2-1　到校时间的频数分布

2. 家长满意度

美国心理学家、人类学家布朗芬布伦纳提出的人类发展生态学,其基本观点是,人是在自身与环境之间双向的、不断变化的相互作用中发展起来的,影响人发展的环境是由不同层次的各种环境构成的一个整体,称为社会生态环境。家长对幼儿园教育的需求使家庭与幼儿园的教育之间产生一定的相互影响和联系,根据人类发展生态学的理论,这种需求在一定程度上会影响幼儿的发展。在本研究的样本中,绝大多数家长对幼儿园的整体满意度较高,均值为4.28,有45.3%的家长对幼儿园的整体评价为"比较满意",43.7%的家长表示"非常满意"(参见图 2-2)。但是,家长满意度并不能作为衡量幼儿园发展水平的主要依据,一方面,由于家长缺少有关幼儿身心发展规律与特点的系统科学知识,缺少良好的社会氛围支持,无法把握幼儿发展的真正需要;另一方面,受制于幼儿园有限的开放时间与活动,不可能获知有关幼儿园教育过程的全面信息,他们对幼儿园教育质量的评价不可能全面、准确、客观,甚至是不科学、不合理的。将家长满意度作为幼儿园教育质量评价最主要的依据,易使幼儿园教育价值发生偏离和错位。

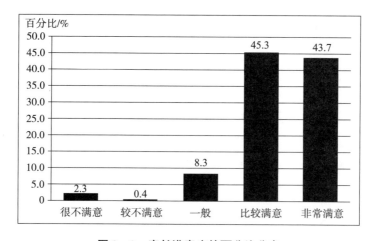

图 2-2　家长满意度的百分比分布

3. 儿童发展评价

教育部 2001 年颁布的《幼儿园教育指导纲要》中指出,"幼儿园的教育内容是全面的、启蒙性的,可以相对划分为健康、语言、社会、科学、艺术五个领域,也可作其他不同的划分。"目前,无论在学术研究还是实践层面,这五大领域仍作为学前教育内容的主要分类依据。对儿童入园后发展变化的评价主要依据这五方面进行分类具有一定的科学性。

教育部 2012 年 9 月颁布的《3~6 岁儿童学习与发展指南》(以下简称《指南》)中着重提出要关注幼儿学习与发展的整体性。儿童的发展是一个整体，要注重领域之间、目标之间的相互渗透和整合，促进幼儿身心全面协调发展，而不应片面追求某一方面或几方面的发展。《指南》中首次以国家政策文件的形式提出重视幼儿学习品质的培养。"幼儿在活动过程中表现出的积极态度和良好行为倾向是终身学习与发展所必需的宝贵品质，要充分尊重和保护幼儿的好奇心和学习兴趣，帮助幼儿逐步养成积极主动、认真专注、不怕困难、敢于探究和尝试、乐于想象和创造等良好学习品质。忽视幼儿学习品质培养，单纯追求知识技能学习的做法是短视而有害的。"关注学习品质，是关注幼儿学习与发展整体性的重要体现，一定程度上代表了国家政策的倡导趋势。因此，本研究在对幼儿发展变化的评价中加入了学习品质这一重要方面。

（1）学习品质发展。目前对于学习品质内涵的研究主要包括好奇心、主动性、坚持性、创造性、独立性、合作性等方面，本研究主要测评了幼儿主动性、坚持性、独立性三个方面的发展变化情况。主动性学习品质体现在幼儿能够明确、具体地表达自己想要进行的活动，主动积极地参加有益的或新奇的、有挑战性的活动，遇到问题时会主动想办法解决等；独立性学习品质体现在幼儿能够依靠自己的力量、较少地寻求别人的帮助，主动克制自己的不合理愿望、遵守成人的要求、调节自己的行为，以及思想自主、能够相对地自己做主、不盲目服从他人等；坚持性学习品质体现在幼儿能够坚持自己的既定目标，在面临困难时能努力坚持做下去，以及在活动中表现出专注，不易受外界干扰等。

本研究中，"孩子注意力集中，学习习惯好"及"孩子能主动完成老师交给的任务，不要父母督促"两个项目测评幼儿主动性学习品质的发展变化，"孩子遇到困难时，自己想办法解决"测评幼儿独立性学习品质的发展变化，"孩子做一件事有始有终，坚持做下去"测评幼儿坚持性学习品质的发展变化。

宁德市家长对幼儿入园后学习品质发展变化的整体评价偏低，认为"略有提高"的人数最多，且大多数家长的评价介于"不变"与

"略有提高"之间。进一步分析我们发现,家长对于幼儿主动性学习品质的评价要高于独立性与坚持性(参见图2-3)。从理论上,我们可以理解这一现象出现的原因,独立性与坚持性是在幼儿具有主动性学习品质的基础上提出的更高层面的发展要求。因此,在教育实践中,要注意学习品质的发展目标具有层次性,引导幼儿学习品质不同方面发展的顺序性与协调性。

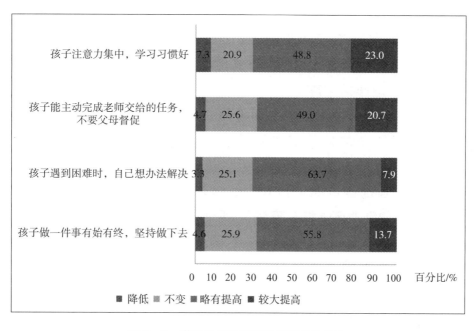

图2-3 学习品质发展评价的百分比分布

(2)健康发展。学前教育与义务教育相比,较明显的差别在于保育工作在所有工作中所占的比重。幼儿阶段是儿童身体发育和机能发展极为迅速的时期,结合幼儿期儿童并未形成独立的判断能力与自理能力这一特点,便尤其显现出幼儿园保育工作的重要性。《幼儿园教育指导纲要》中明确提出"幼儿园必须把保护幼儿的生命和促进幼儿的健康放在工作的首位。树立正确的健康观念,在重视幼儿身体健康的同时,要高度重视幼儿的心理健康"。发育良好的身体、愉快的情绪、强健的体质、协调的动作、良好的生活习惯和基本生活能力是幼儿身心健康的重要标志,也是其他领域学习与发展的基础。

健康不仅指幼儿生理上没有疾病的状态，还包括很多方面的内容。《指南》中将健康领域分为身心状况、动作发展、生活习惯与生活能力三个方面，本研究中，对幼儿健康领域的发展评价涉及《指南》所提出的三方面内容，其中"孩子身体健康，很少生病""孩子在集体生活中情绪安定、愉快""孩子诚实守信"三个项目属于身心状况方面的内容；"孩子拥有运动特长"属于动作发展方面的内容；"孩子能自己吃饭、穿衣服、叠被子""孩子能独自一个人睡觉""孩子能收拾自己的东西和玩具""孩子有自我防范的保护意识""孩子有良好的作息、生活习惯并有时间观念"五个项目属于生活习惯与生活能力方面的内容。

家长对幼儿入园后健康方面发展变化的评价明显高于对学习品质的评价，但整体评价仍然不高，体现在家长的评价多聚集在"略有提高"（即3.00）水平附近。进一步分析，我们发现在身心健康方面，心理健康的评价较高，体现在"孩子在集体生活中情绪安定、愉快""孩子诚实守信"两个项目中"较大提高"的水平较高（参见图2-4）。生理健康的测评项目"孩子身体健康，很少生病"本身与幼儿园教育的关联性不是很大，因此，家长认为"有较大提高"的比例也较低。而动作发展方面，测评项目"孩子拥有运动特长"并未很好地代表该方面的内容，家长的评价也较低。在生活习惯与生活能力方面，评价最高的两个项目"孩子能收拾自己的东西和玩具""孩子有良好的作息、生活习惯并有时间观念"表明幼儿在入园后生活与卫生习惯得到了较大的发展，但生活自理能力还有待发展，表现在"孩子能自己吃饭、穿衣服、叠被子""孩子能独自一个人睡觉"两个项目的评价普遍偏低。另外，幼儿的自我保护意识也有待提高。

因此，该市幼儿园对于幼儿身心健康方面的发展作用较为明显，能够使幼儿愉快地融入集体生活并获得道德感的发展，能够培养幼儿良好的生活与卫生习惯，但在幼儿生活自理能力、自我保护能力方面的发展作用仍有待加强。

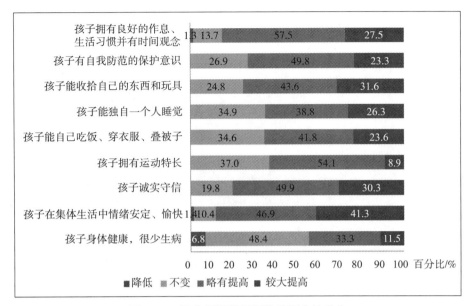

图 2-4 健康领域发展评价的百分比分布

(3) 语言能力发展。语言是交流和思维的工具。幼儿期是语言发展,特别是口语发展的重要时期。幼儿语言的发展贯穿于各个领域,也对其他领域的学习与发展有着重要的影响:幼儿在运用语言进行交流的同时,也在发展着人际交往能力、理解他人和判断交往情境的能力、组织自己思想的能力。通过语言获取信息,幼儿的学习逐步超越个体的直接感知,获得更高层次思维水平的发展。《指南》中将幼儿语言能力发展分为倾听与表达、阅读与书写准备两大方面。本研究中"孩子有突出的语言表达能力""孩子注意倾听对方讲话,愿意与人交谈"两个项目考查幼儿的倾听与表达能力,"孩子喜欢听故事、读书"考查幼儿的阅读与书写准备,但侧重于阅读准备能力。

家长对幼儿语言能力发展变化的整体评价水平较为可观,体现在评价高于"略有提高"(即 3.00 水平)人数比重的上升。进一步分析发现,阅读准备能力发展变化的评价明显高于倾听与表达能力(参见图 2-5),这在一定程度上反映出该市幼儿园教育重内容、轻过程的误区,阅读作为学前教育活动的重要方面得到了教师的足够重视,但在阅读能力的培养过程及平时与幼儿接触、交流的过程中,均为儿童倾听与表达能力的发展创造契机，但从评价结果我们可以推断，幼儿教师并未认识并实践这一过程的重要意义。

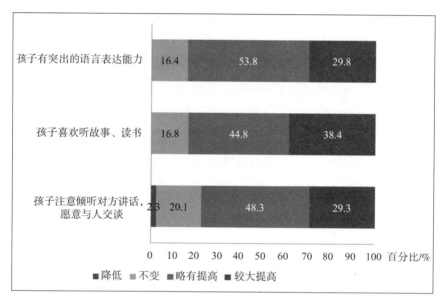

图2-5 语言能力发展评价的百分比分布

（4）社会性发展。幼儿社会领域的学习与发展过程是其社会性不断完善并奠定健全人格基础的过程，良好的社会性发展对幼儿身心健康和其他方面的发展都具有重要影响。在实践中，不少家长之所以选择把适龄儿童送入幼儿园而不是在家抚养，主要是考虑到同伴群体、幼儿园环境对于儿童社会性发展的作用。幼儿在与成人和同伴交往的过程中，不仅能学习如何与人友好相处，也在学习如何看待自己、对待他人，不断发展适应社会生活的能力。因此《指南》中将幼儿社会学习的主要内容分为人际交往和社会适应两大部分，也将其作为幼儿社会性发展的基本途径。本研究主要针对幼儿社会领域的发展评价中涉及人际交往方面的内容，其中"孩子喜欢与同伴一起玩耍、做游戏"体现出幼儿愿意与人交往，"孩子能与其他人合作完成一项工作"体现出幼儿能与同伴友好相处，"孩子喜欢帮助别人"体现出幼儿能够关心尊重他人。

从整体上看，家长对幼儿入园后社会性发展变化的评价仍多聚集在"略有提高"(即3.00)水平附近,但评为"较大提高"的比例较为可观。其中"孩子喜欢与同伴一起玩耍、做游戏"这一项目的发展变化评价最高,"孩子能与其他人合作完成一项工作""孩子喜欢帮助别人"的发展变化水平依次降低(参见图2-6)。实际上,这三个测评项目在发展层次上有相互递进的关系,幼儿能与同伴友好相处基于其愿意与人交往,并在此基础上发展出关心尊重他人的社会品质。

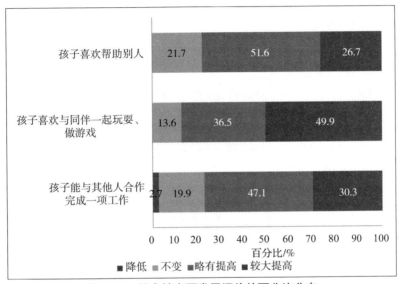

图2-6 社会性方面发展评价的百分比分布

因此,该市幼儿园教育能够提供良好的环境促进幼儿同伴交往的热情与积极性,但需在此基础上进一步引导其合作与关心尊重他人等社会品质的发展。

(5)科学能力发展。我国人口的科学素养普遍偏低,根据第八次公民科学素养调查结果,2010年具备基本科学素养的公民比例达到了3.27%,目前我国公民科学素养水平相当于日本、加拿大和欧盟等主要发达国家和地区20世纪80年代末、90年代初的水平。我国幼儿教师目前的学历水平较低,会间接导致其科学素养更加欠缺的问题。幼儿的科学学习是在探究具体事物和解决实际问题中,尝试发现事物间的异同和联系的过程,这对具有广泛学科背景、丰富知识储备及专业教育方法的高素质教师提出了要求和挑战,目前我国学前教育中科学教育出现"短板"的现象较为普遍。《指南》中将科学能力的发展分为科学探究和数学认知两个方面,本研究中"孩子乐于动手动脑,探究问题""孩子对周围事物、现象感兴趣"两个项目主要考察科学探究能力方面。

家长对于幼儿科学能力的发展变化评价较高,表现在评价高于"略有提高"水平(即3.00)的人数比例较大,表明该市幼儿园比较注重儿童科学能力尤其是科学探究能力的发展,并且获得了较好的实践效果(参见图2-7)。

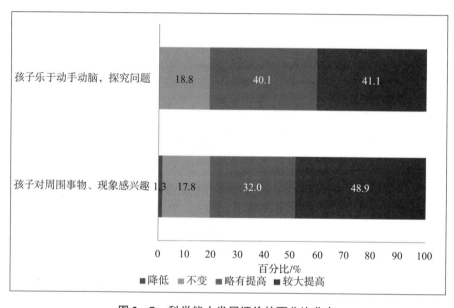

图2-7 科学能力发展评价的百分比分布

(6)艺术能力发展。审美教育对人的全面发展有着重要的意义,青少年的审美教育作为素质教育的重要方面得到了越来越多的关注。审美教育与艺术教育关系密切,每个幼儿心里都有一颗美的种子,艺术是人类感受美、表现美和创造美的重要形式,也是表达自己对周围世界的认识和情绪态度的独特方式,在幼儿期进行艺术教育促进其审美能力的发展,有益于个体的全面发展。《指南》中将艺术教育分为感受与欣赏、表现与创造两个方面。本研究中"孩子能掌握一门乐器或棋类""孩子能唱完一首完整动听的歌曲""孩子能跳一支完整优美的舞蹈""孩子能画出一幅完整好看的画"四个项目均侧重于幼儿表现与创造能力的发展,且尤其体现于表现能力。

家长对幼儿艺术能力发展变化的评价偏低,但是,由于调查项目均针对"结果"进行评价,没有针对幼儿在艺术教育中的过程性发展设置测评项目,因此,本数据仅能在一定程度上反映幼儿的音乐表现能力。家长在"孩子能唱完一首完整动听的歌曲"项目上表现出较高的评价(参见图2-8),体现出该市幼儿园在音乐教育的基础层面已获得较为明显的成效。

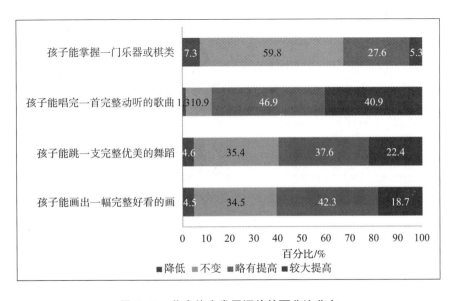

图2-8 艺术能力发展评价的百分比分布

(7)总体发展评价的综合分析。结合学习品质、健康、语言、社会、科学、艺术六个方面来看,家长对于幼儿发展变化的整体评价水平为2.97(参见表2-1),即比"略有提高"水平还要略低,可以了解到该市家长普遍认为儿童入园后仅获得"略有提高"的发展。儿童的发展变化与教育效果直接相关,可以作为教育评价的主要依据,家长汇报的这一结果在很大程度上反映出该市幼儿园教育质量仍有待更大的提升。值得注意的是,上述家长对于幼儿园满意度的评价中,普遍表现出很高的满意度水平,这在一定程度上证明了不能将家长满意度作为衡量幼儿园发展水平主要依据的科学性。对于这一现象的深入分析还需要后续相关的讨论。

表2-1 各领域发展评价的描述统计

描述统计 发展评价	均值	标准差	值域	最小值	最大值
儿童健康发展评价	2.96	0.43	1.89	2.11	4
儿童学习品质发展评价	2.82	0.6	2.75	1.25	4
儿童社会性发展评价	3.17	0.54	2	2	4
儿童语言能力发展评价	3.13	0.49	2	2	4
儿童科学能力发展评价	3.25	0.59	2	2	4
儿童艺术能力发展评价	2.78	0.57	3	1	4
儿童总体发展评价	2.97	0.39	1.65	2.35	4

在六个方面中，家长对于儿童科学能力的发展评价最高、对于艺术能力的发展评价最低。儿童社会性、语言能力的发展均高于总体评价水平，健康、学习品质的发展均低于总体评价水平（参见图2-9）。

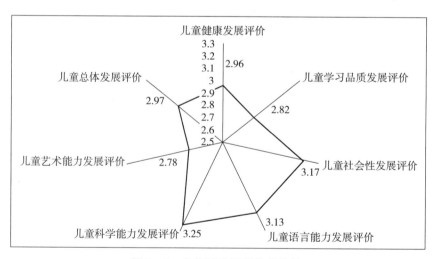

图2-9 各领域发展评价的均值

值得注意的是，学习品质的发展仅次于最低水平，在一定程度上能够说明该市幼儿园的教育理念与方法仍有待提高，应该引起足够重视。

4. 教育费用

（1）参加课外辅导班的种类与数量。2011年福建省教育厅颁布的《福建省幼儿园收费管理办法》中明确要求，幼儿园除收取保育教育费和规定项目的代办费外，不得收取与入园挂钩的赞助费、捐资助学费、建校费、教育成本补偿费等，严禁以开办实验班、特色班和兴趣班等为由另外收取费用。虽然在幼儿园教育中不允许开设课外辅导班、兴趣班等，但社会中其他辅导、培训机构在轰轰烈烈地开展着，越是经济发达地区，课外兴趣班的种类、教育质量越高，家长及幼儿的参与度越高。

在本研究的样本中，幼儿参与兴趣班的种类较多集中于书画、舞蹈、游戏、外语四个方面，兴趣班的参与度较低，一个兴趣班都没有参加的比重达70.9%（参见图2-10、图2-11）。2007年，上海市教科院普教所开展有关全市幼儿园幼儿参加兴趣班情况的调查，了解到上海市幼儿参与兴趣班的情况比较普遍，90%以上的幼儿家长认为"幼儿有必要参加兴趣班""幼儿参加兴趣班能学到一技之长"，52.1%的家长认为"幼儿不参加兴趣班会输在起跑线上"。在兴趣班的学习内容上，绘画、英语、珠心算、舞蹈的参与人数最多。

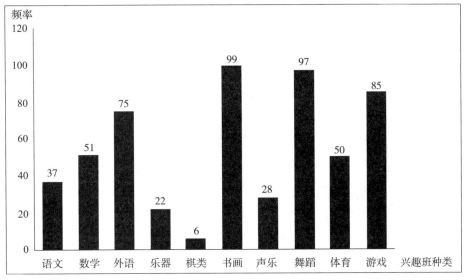

图2-10 不同种类兴趣班的频数分布

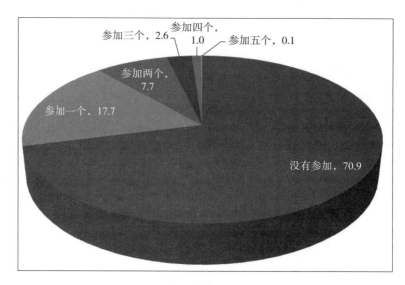

图 2-11 参与兴趣班数量的百分比分布

尊重幼儿的兴趣，参与符合幼儿年龄与心理特点的课外兴趣班有益于幼儿的发展。该市幼儿参与课外辅导班、兴趣班的比例较低，这一方面与当地经济发展水平、课外辅导班质量有关，另一方面也与家长的育儿观密切相关。

（2）教育支出。我国家长的育儿观念变化不断推高着教育成本，尤其在较发达地区，较好的育儿资源刺激家长的育儿投入，容易给家长造成较大的经济压力，在"房奴""卡奴"等词语流行之后，又出现了"孩奴"等新兴词语，家长的育儿压力可见一斑。早在2005年，著名社会学家徐安琪在中国社科院社会学研究所刊物《青年研究》上发表调研报告称，把一个孩子抚养到大学毕业，父母的直接经济支出高达48万元，当然这还是15年前的数据。

在该市关于家长每月各项育儿支出的数据中，可以发现饮食支出占到最大的比重，均值为1 028.3元；学费次之，均值为584.9元（参见表2-2）。恩格尔系数以食品支出总额占个人消费支出总额的比重来衡量国家的经济水平，而该市的育儿支出的恩格尔系数为41.48%。

表 2-2　各项教育支出的描述统计

描述统计 教育支出/元	均值	标准差	最小值	最大值
支出：饮食	1 028.3	750.7	100	3 500
支出：娱乐费	113.4	144.7	10	800
支出：学费	584.9	148.8	150	1 000
支出：杂费	197.8	135.6	10	600
支出：交通费	100.5	61.6	15	300
支出：兴趣班	454.0	212.9	20	850

在家庭每月育儿总费用的统计中，处于 0~2 000 元的频数最多，所占比重为 78.8%（参见图 2-12）。

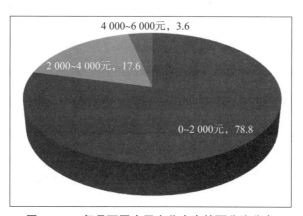

图 2-12　每月不同水平育儿支出的百分比分布

关于孩子每月支出约占全家月总支出的比例，有 461 位家长报告的育儿支出占比为家庭收入的 30%（参见图 2-13）。本样本中每月育儿支出占家庭总收入占比的均值为 30.74%。

(二) 教育期望与选择

1. 受教育程度期望

父母对子女受教育程度的期望影响其育儿理念与行为，较高的教育期望有利于从更加全面、系统的视角看待幼儿的教育问题，也容易提高父母在家庭教育中的参与度，从而促进幼儿潜能的最大程度发展。

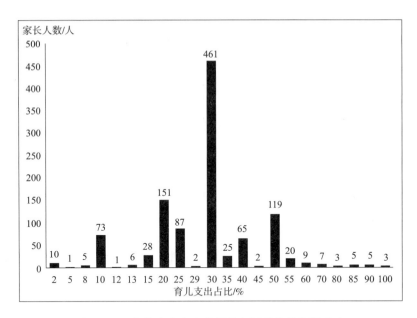

图 2-13 育儿支出占家庭月收入百分比的频数分布

在本研究的样本中,该市家长对于幼儿的教育期望均在本科以上,且希望孩子具有博士学位水平的家长比例最大,占到 44.0%(参见图 2-14),说明该市多数家长对于子女有很高的教育期望。本科学历期望略低于博士,所占比重为 41.8%。

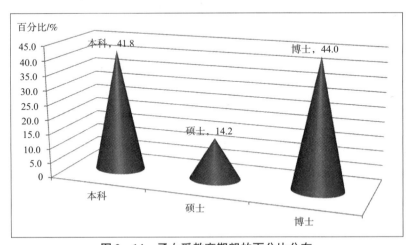

图 2-14 子女受教育期望的百分比分布

值得注意的是,家长对于硕士学位的期望最低,仅占 14.2% 的比重,说明该市家长普遍认同硕士学位"高不成低不就"的尴尬位置。

2. 父母关注的教育因素

家长的关注点能够在很大程度上影射其育儿理念与价值观。在本研究的样本中，家长最关心的因素是幼儿的安全、营养、健康，且这一比例要明显高于其他项目（参见图2-15）。幼儿阶段是儿童身体发育和机能发展极为迅速的时期，理应受到家长的高度关注。而开心快乐、知识技能学习、社交能力也是受到家长关注度较高的教育因素。

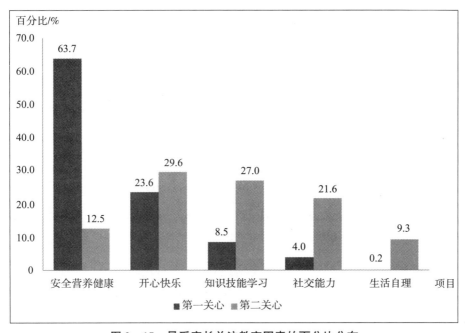

图2-15 最受家长关注教育因素的百分比分布

值得注意的是，仍有8.5%的家长将知识技能学习作为学前教育中首要关注的因素，这在很大程度上反映出该市部分家长存在较为极端化、急功近利的育儿思想，这会对幼儿产生极其不利的影响。

3. 择园影响因素

影响幼儿家长择园因素的种类很多，区域经济发展水平、区域文化氛围、家庭经济背景、家长文化水平及幼儿不同年龄段等因素都会在一定程度上影响其择园时的考量，影响其在择园时对于不同层面问题的关注程度。本研究中将择园的影响因素归纳为上下学交通、费用、课程与教学、硬件设施与学习环境、学校声誉与管理、教师素质与师生比、家园沟通、幼儿喜好及同伴效应八个方面。

（1）上下学交通。在本研究的样本中，家长在择园时较为关注上下学交通因素，体现在家长的评价水平多集中在"一般"（即3.00）与"比较重要"（即4.00）之间。逾半数的家长把"离家或工作单位近，交通方便"与"幼儿园能配合家长接送孩子的时间"作为择园时非常重要的因素（参见图2-16），可见距离与时间上的方便会在很大程度上影响家长的择园选择。值得注意的是，在"幼儿园能配合家长接送孩子的时间"这一项目，24.5%的幼儿家长对其重要性的评价为"一般"，即介于"不太重要"与"比较重要"之间，而《2013福建统计年鉴》中的数据显示该市平均每户家庭人口数为3.08人，这可在一定程度上证明有一定比例的母亲（或父亲）工作时间较为自由，可能与母亲职业类型中私营企业主、个体户的频数有关。

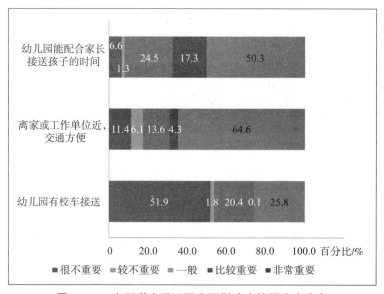

图2-16 上下学交通不同方面影响力的百分比分布

"幼儿园有校车接送"这一项目，逾半数的父母将其评定为很不重要的择园影响因素，这也说明该市家长普遍能够就近选择合适的幼儿园，且在时间上能够允许家长亲自接送孩子。从幼儿主要抚养人、幼儿在家的口头语言及这一项目的统计中，可以看出该市父母在学前教育中参与度较高。

（2）费用。《国务院关于当前发展学前教育的若干意见（2010）》中提出，省级有关部门根据城乡经济社会发展水平、办园成本和群众承受能力，按照非义务教育阶段家庭合理分担教育成本的原则，制定公办幼儿园收费标准。加强民办幼儿园收费管理，完善备案程序，加强分类指导。幼儿园实行收费公示制度，接受社会监督。加强收费监管，坚决查处乱收费。

在本研究数据中，可以发现教育费用是影响家长择园很重要的因素，体现在评价水平为"非常重要"（即5.00）的人数比例很大。绝大多数家长在择园时将"收费项目清晰合理"作为非常重要的考虑因素，39.9%的家长将"收费低廉"作为非常重要的考虑因素（参见图2-17），这一数据可以反映出该市相当一部分家长对于幼儿园收费的承受能力有限，体现出政府将普惠性作为现阶段学前教育发展主要任务的科学性。

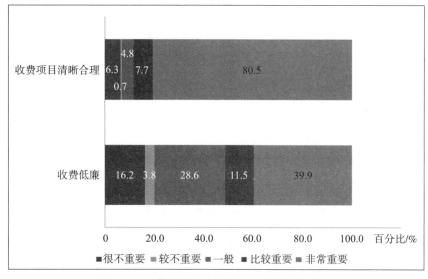

图2-17 费用不同方面影响力的百分比分布

（3）课程与教学。课程与教学作为幼儿园教育的主要载体，理应得到家长的高度关注。在本研究数据中，课程与教学是影响家长择园很重要的因素，体现在评价水平多集中于"比较重要"（即4.00）和

"非常重要"（即5.00）之间。进一步分析发现，"教给孩子认字、拼音、算术等知识和技能"是影响家长择园最重要的因素，"所学习的各项活动或课程，可以与将来小学衔接"次之（参见图2-18），仅从这两个项目，我们可以判断该市家长普遍较为缺乏科学的育儿理念，学前教育"小学化"的倾向较为严重。

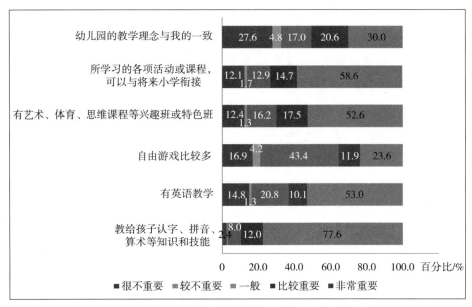

图2-18 课程与教学不同方面影响力的百分比分布

幼儿的学习是以直接经验为基础，在游戏和日常生活中进行的。幼儿园教育尤其要珍视游戏和生活的独特价值，以游戏为基本教育活动。在本研究中，"自由游戏比较多"作为家长最不看重的择园因素反而对于儿童的发展起着重要作用，而"幼儿园的教学理念与我的一致"也是影响家长择园很重要的因素，很难想象与家长这种并不科学、合理的教育理念相一致的幼儿园究竟占到多大的比例。

"有英语教学""有兴趣班或特色班"两个项目也是影响家长择园的重要因素，整体来看，课程与教学的知识性、技能性是影响该市家长择园的重要方面。另外值得关注的是，家长对于幼儿园设有兴趣班或特色班的关注度较高，尽管从政策层面上严格禁止幼儿园的这种行为，但在实践过程中，这种教育需求与行为普遍存在，且具有一定的意义。

(4) 硬件设施与学习环境。《纲要》中指出，幼儿园应为幼儿提供健康、丰富的生活和活动环境，满足他们多方面发展的需要，使他们在快乐的童年生活中获得有益于身心发展的经验。"环境是幼儿的第三任老师"是学前教育理论与实践领域中的共识。

在本研究中，硬件设施与学习环境是影响家长择园非常重要的因素，体现在家长的评价水平多聚集在"比较重要"（即4.00）与"非常重要"（即5.00）之间，且评价为非常重要的人数比例极大。幼儿园的室内环境、周边环境、保健防病、营养伙食等方面均是影响大多数家长择园的重要因素（参见图2-19）。具体分析，我们发现"幼儿园教学设备先进、活动设施齐全"与"图书、玩具的数量、品种多"两个项目对于家长择园的影响力不同，前者的影响力更大，说明该市家长对于学习环境中内容载体的关注度弱于对硬件设备质量的关注，这在一定程度上反映出幼儿家长的科学育儿理念仍有待加强。

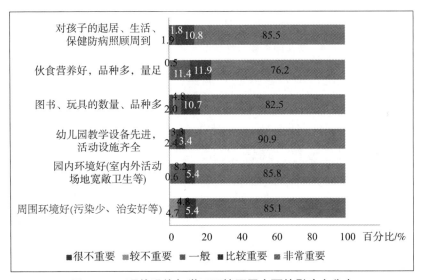

图2-19 硬件设施与学习环境不同方面的影响力分布

(5) 幼儿园声誉与管理。在本研究中，幼儿园声誉与管理是影响家长择园比较重要的因素，体现在评价其"一般"（即3.00）、"比较重要"（即4.00）与"非常重要"（即5.00）的人数比重较均衡。在对幼儿声誉的评价中，是否为公办幼儿园成为影响家长择园最重要的因素，幼儿园的等级或声誉的影响力次之，是否为中外合办幼儿园的影响力最弱（参见图2-20）。由此可知，公办幼儿园的办学质量受到了家长的普遍认可，累计有67.1%的家长倾向于选择公办幼儿园。

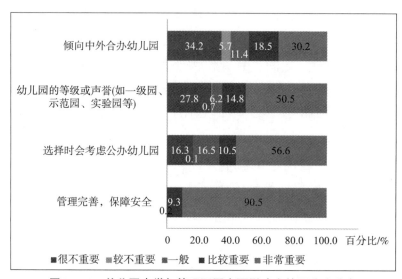

图2-20　幼儿园声誉与管理不同方面影响力的百分比分布

值得注意的是，中外合办幼儿园虽然在影响力上不及公办幼儿园，但仍有30.2%的家长评价其为非常重要的择园因素。

（6）教师素质与师生比。教师是影响学前教育质量的重要因素，是保证幼儿园课程设置、环境创设等要素发挥教育作用的关键环节，当然，也是促进幼儿身心发展的"重要一环"。在本研究中，教师素质与师生比是影响家长择园的重要因素，表现在家长的评价水平多聚集于"比较重要"（即4.00）与"非常重要"（即5.00）之间，且评价为"非常重要"的人数比例很大。进一步分析，可以发现"教师经验丰富，教育教学水平高""教师责任心强，有爱心"与"教师有较高的学历、职称等"是家长关注度最高的三个择园因素（参见图2-21），绝大多数家长认为其"非常重要"，可见教师的师德与专业素质水平是家长最为重视的因素。

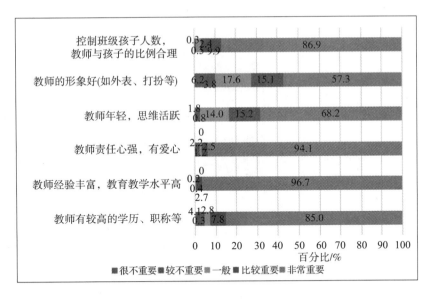

图 2-21　教师素质与师生比不同方面影响力的百分比分布

此外,"教师年轻,思维活跃""教师的形象好"与"控制班级孩子人数,教师与孩子的比例合适"三个因素的关注度也较高,但显然不及前三个方面,可见该市家长在对教师因素普遍非常关注的前提下,对于教师的"软件"水平更为关注。

(7) 家园沟通。家园共育是目前学前教育领域中特别倡导的实践形式,根据美国著名心理学家布朗芬布伦纳的生态系统理论,幼儿的家庭环境与幼儿园环境是影响儿童发展的直接环境,是影响幼儿发展的各种嵌套系统中最核心的"微系统"。因此,提倡家园共育对于协调微系统、促进幼儿的发展具有重要的意义。

在本研究中,家园沟通是影响家长择园很重要的因素,体现在家长的评价水平多集中于"比较重要"(即 4.00)与"非常重要"(即 5.00)之间,且认为"非常重要"的人数比重较大。进一步分析,发现家长对于"幼儿园经常通过多种形式和家长联系沟通"项目的关注度明显高于"家长参与幼儿园教学与管理的机会多"(参见图 2-22),这说明该市多数家长更能接受幼儿园方面主动与其沟通联系,而非自己主动参与到幼儿园教学与管理过程中。

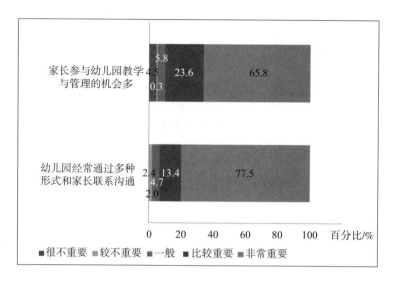

图 2-22 家园沟通不同方面的影响力分布

（8）幼儿喜好及同伴效应。在本研究中，家长对于幼儿喜好及同伴效应的重视程度并不高，体现在将其评价为"很不重要"（即1.00）及"一般"（即3.00）的人数比重较大。进一步分析，发现多数家长在择园时会尊重幼儿的喜好，45.6%的家长会将"入园前先带孩子参观，考虑孩子喜爱程度"作为非常重要的择园因素（参见图2-23）。而对于同伴效应的关注度却不高，体现在59.6%的家长将"同学家长的社会背景或经济背景与我相似"作为很不重要的择园因素，表明该市多数家长并不会过于"纠结"同伴效应对儿童发展的影响。

（9）影响择园因素的综合分析。影响家长择园的不同因素具有不同的重要性水平（参见图2-24），评价水平在"比较重要"（即4.00）以上的影响因素依次为硬件设施与学习环境、教师素质与师生比、家园沟通、费用四个方面，前三个方面的重要程度尤其突出，可见影响该市家长择园的核心因素为环境、教师及家园沟通。值得注意的是，硬件设施与学习环境得到了家长最大的关注度，而课程与教学作为教育的重要载体，评价水平却处于"一般"与"比较重要"之间，说明该市家长在择园时更倾向于关注幼儿园的硬件条件，却较为忽视课程与教学这一反映实质教育内容、教育水平的因素。

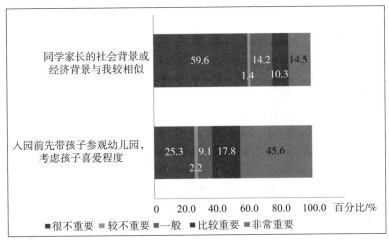

图 2-23 幼儿喜好及同伴效应不同方面的影响力分布

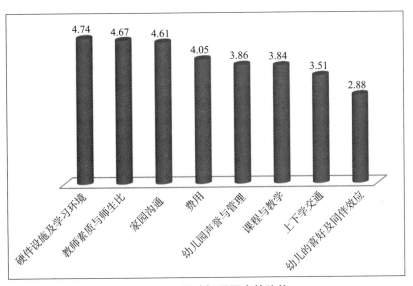

图 2-24 影响择园因素的均值

(10) 家长希望与幼儿园沟通合作的方式。在"您最希望通过什么方式与幼儿园沟通合作"的统计中,每个家长最多可以选择三项,经分析可知,最为家长青睐的家园沟通方式是通过练习本/便条/电话(719人次),排名第二的是接孩子时与教师交流(参见图 2-25)。

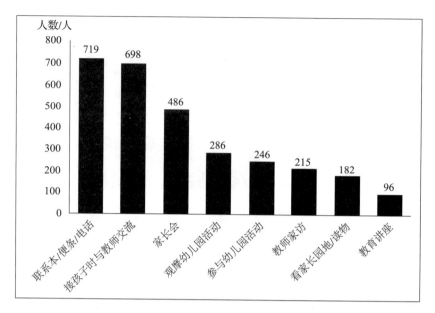

图 2-25 家园沟通方式的家长偏好

（三）分类描述性统计分析

1. 城镇化程度的描述性统计分析

（1）不同城镇化程度地区的样本构成情况。城市化或城镇化（urbanization）是指第二、第三产业在城镇聚集，农村人口不断向非农产业和城镇转移，从而使城镇数量增加、城镇规模扩大的一种历史过程。统计学上所说的城镇化程度，是指不包括乡在内的、按照居住地划分、居住在镇（街道）政府所在地，包括与镇（街道）政府相连的村或社区的常住人口占该地区全部常住人口的比重。

从调查数据来看，城镇化率越高的地区更有可能拥有更多的外来人口，城镇户口比例越高，这在一定程度上显示，只有经济活力高的地方，才可能有更高的城镇化率。与此同时，经济的发展，城镇化率的提高，也提高了居民的人均收入及可支配收入水平（参见表 2-3）。

表 2-3 不同城镇化程度地区的样本构成情况

样本构成 \ 不同城镇化程度地区	高城镇化率地区	中城镇化率地区	低城镇化率地区	显著性
本地户口	90%	94%	94%	0.073
城镇户口	78%	65%	65%	0.000
父母教育：初中及以下	25%	33%	35%	0.005
父母教育：高中/中专	29%	24%	33%	0.028
父母教育：大学及以上	46%	42%	32%	0.000
父母教育年限/年	12.88	12.45	12.01	0.000
父母职业：行政/企业管理人员	15%	12%	9%	0.027
父母职业：私营企业主	15%	17%	14%	0.572
父母职业：专业/办事人员	15%	17%	14%	0.578
父母职业：技术辅助/个体户	17%	14%	15%	0.514
父母职业：商业服务人员	30%	27%	28%	0.638
父母职业：农民/工人/农民工	7%	14%	20%	0.000
父母职业阶层	5.82	5.63	5.25	0.001
家庭收入水平：低	2%	5%	8%	0.001
家庭收入水平：中低	18%	31%	43%	0.000
家庭收入水平：中	37%	32%	27%	0.003
家庭收入水平：中高	27%	20%	17%	0.002
家庭收入水平：高	15%	11%	6%	0.000
家庭收入/元	10 289	8 325	6 660	0.000
参加课外补习	31%	28%	29%	0.660
教育期望：研究生及以上	0.49%	0.55%	0.69%	0.000

简而言之，城镇化率高的地区拥有更高比例的中高社会经济地位的家庭。从本研究来看，城镇化率高的地区，无论是父母的受教育年限，还是父母的职业阶层，以及家庭收入，都显著高于城镇化率较低

的地区。与此相匹配的是,城镇化率高的地区拥有更高的教育期望值及教育满意度。

(2) 不同城镇化程度地区的家长教育满意度。根据调查的数据来看,不同城镇化程度地区的家长教育满意度存在极其显著的差异($F=5.576$,$p=0.004$)。城镇化程度越高的地方,对于教育的总体满意度更高,不同城镇化地区之间的差异具有显著性(参见图2-25)。与此同时,城镇化率较低的地区不满意比例更高(参见图2-26)。这在一定程度上显示,城镇化程度往往带来了人气,带来了更多的教育选择,父母更有可能根据自己的需求选择到满意的幼儿园。而边远山区等城镇化程度较低的地区,由于公共教育资源更为缺乏及民营资本更不活跃等原因,父母可以选择的幼儿园相对较少,也不太可能通过择园影响到幼儿园的教育实践。从这个意义上说,当地父母的教育满意度自然较低。

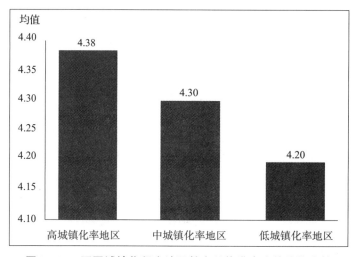

图2-25 不同城镇化程度地区教育总体满意度的均值比较

(3) 不同城镇化程度地区家长对儿童发展的评价。按照城镇化率高低来进行分析,城镇化率高的地区父母更倾向于认可儿童进入幼儿园后在学习品质、语言能力、科学能力和艺术能力方面的发展,总体评价也更高,但是关于儿童健康发展评价及社会性发展评价方面,不同城镇化率地区的父母并没有显著差异(参见表2-4)。

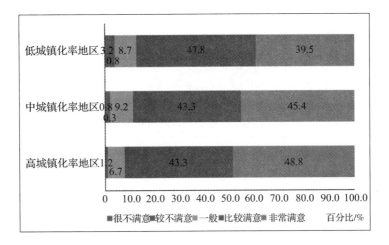

图 2-26 不同城镇化程度地区的教育总体满意度的构成情况

表 2-4 不同城镇化程度地区家长对儿童发展的评价均值

家长对儿童发展的评价 \ 不同城镇化程度地区	城镇化率高的地区	城镇化率中等的地区	城镇化率低的地区	显著性
儿童健康发展评价	3.01	2.95	2.93	0.055
儿童学习品质发展评价	2.95	2.89	2.70	0.000
儿童社会性发展评价	3.20	3.15	3.16	0.486
儿童语言能力发展评价	3.19	3.13	3.10	0.046
儿童科学能力发展评价	3.33	3.27	3.19	0.002
儿童艺术能力发展评价	2.84	2.82	2.71	0.003
儿童总体发展评价	3.03	2.98	2.91	0.000

(4) 不同城镇化程度地区的家长择园偏好。从现有调查数据来看，城镇化率较低的地区父母对于上下学交通和费用问题更加敏感，这很可能是因为本样本中城镇化率低的地区更多在山区，由于经济状况较差及当地地理条件恶劣，导致这些父母更关注这两个问题。与此相对的是，城镇化率高的地区，父母更关注学校的声誉与管理，更重视儿童的喜好及同伴效应。这很可能和家庭的社会经济地位相关，社会经

济阶层高的父母在一定程度上更注重名园效应，更有可能关注儿童本身的需求。但是在课程与教学、硬件设施与学习环境、教师素质与师生比及家园沟通上，不同城镇化程度的地区并不存在显著差异（参见表2-5）。

表2-5 不同城镇化程度地区家长择园偏好的均值差异分析

不同城镇化程度地区 家长择园偏好	高城镇化率地区	中城镇化率地区	低城镇化率地区	显著性
上下学交通	3.40	3.55	3.57	0.027
费用	3.91	4.09	4.12	0.018
课程与教学	3.91	3.77	3.84	0.223
硬件设施及学习环境	4.75	4.75	4.73	0.642
学校声誉与管理	3.97	3.83	3.82	0.018
教师素质与师生比	4.67	4.69	4.67	0.779
家园沟通	4.59	4.71	4.56	0.106
幼儿喜好及同伴效应	3.18	2.91	2.67	0.000

2. 幼儿园质量等级的描述性统计分析

（1）不同质量等级幼儿园的样本构成情况。幼儿园的质量等级一般可以分为四种，排名第一的是示范性幼儿园，第二是一类幼儿园，第三是二类幼儿园，第四是三类幼儿园。一般刚开办的幼儿园经审核后，就是三类幼儿园。

按照《福建省示范性幼儿园评估办法（试行）》及宁德市教委的公开信息，本研究所涉及的15所幼儿园，按照示范性幼儿园的级别把幼儿园的质量等级分成了三种类别：省级示范幼儿园（2所公办幼儿园），市县级示范幼儿园（4所公办幼儿园+1所民办幼儿园）和非示范幼儿园（8所民办幼儿园）。

从调查数据来看，本地和城镇户口、较高社会经济地位的家庭更有可能进入质量等级更高的幼儿园，不同质量等级的幼儿园之间，这种家庭社会经济地位的差异是极其显著的。这在一定程度上显示了家庭的社会资本、经济资本和文化资本在幼儿园教育阶段的择园过程中所起到的决定性作用。从一定意义上说，弱势家庭缺乏通道进入质量等级更高的幼儿园，这些家庭的儿童也就无法接受更优质的教育（参见表2-6）。

表2-6 不同质量等级幼儿园的样本构成情况

样本构成 \ 幼儿园质量等级	省级示范幼儿园	市县级示范幼儿园	非示范幼儿园	显著性
本地户口	95%	95%	90%	0.014
城镇户口	86%	79%	55%	0.000
父母教育：初中及以下	10%	21%	46%	0.000
父母教育：高中/中专	18%	29%	33%	0.003
父母教育：大学及以上	72%	50%	21%	0.000
父母教育年限/年	14.32	13.2	11.19	0.000
父母职业：行政/企业管理人员	21%	14%	7%	0.000
父母职业：私营企业主	26%	18%	10%	0.000
父母职业：专业/办事人员	18%	19%	11%	0.000
父母职业：技术辅助/个体户	14%	16%	15%	0.811
父母职业：商业服务人员	15%	27%	32%	0.001
父母职业：农民/工人/农民工	6%	5%	26%	0.000
父母职业阶层	6.67	6.02	4.78	0.000
家庭收入水平：低	2%	3%	9%	0.000
家庭收入水平：中低	23%	31%	37%	0.004
家庭收入水平：中	37%	34%	27%	0.015
家庭收入水平：中高	27%	21%	20%	0.21
家庭收入水平：高	12%	11%	8%	0.083
家庭收入/元	9 409	8 650	7 358	0.004
参加课外补习	15%	26%	35%	0.000
教育期望：研究生及以上	64%	62%	56%	0.560

（2）不同质量等级幼儿园的家长教育满意度。从调查研究的数据来看，与质量等级较低的幼儿园的家长相比，质量等级更高的幼儿园的家长对教育的满意度更高（4.38＞4.30＞4.20），而且差异极其显著（$F=11.016$，$p=0.000$）。与此同时，省级示范幼儿园拥有比例最高的表示"非常满意"的家长（参见图2-27、图2-28）。这个不难理解，根据《福建省示范性幼儿园评估办法（试行）》的要求，省级示范园一般拥有全省最高水平的硬件设施和教师资源，同时得到当地教委全面的支持。省级示范幼儿园一般也代表了当地学前教育的最高办学水平。

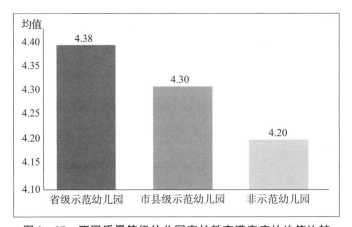

图2-27 不同质量等级幼儿园家长教育满意度的均值比较

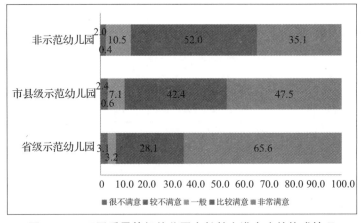

图2-28 不同质量等级幼儿园家长教育满意度的构成情况

(3) 不同质量等级幼儿园的家长对儿童发展的评价。从调查结果来看，质量等级更高的幼儿园的家长更倾向于肯定儿童在艺术能力方面的发展。这既有可能是示范园拥有质量更高的师资，也有可能是在社会经济阶层更高的家长看来儿童艺术能力的发展更重要，他们也更注意儿童在艺术能力方面的发展。

尽管从总体水平来看，除了对儿童在科学领域的发展评价不高之外，省级示范幼儿园的家长对儿童发展的评价都好于市县级示范幼儿园和非示范幼儿园的家长的评价情况。但是有意思的是，不同质量等级幼儿园的家长针对儿童其他领域的发展评价并不存在显著差异。这很可能是因为，关于儿童的发展评价是一个专业性非常强的领域，作为家长并不具有相关的技能和评价工具来观察判断儿童在这些方面的发展（参见表2-7）。

表2-7 不同质量等级幼儿园的家长对儿童发展评价的均值比较

幼儿园质量等级 家长对 儿童发展的评价	省级示范 幼儿园	市县级示范 幼儿园	非示范 幼儿园	显著性
儿童健康发展评价	3.00	2.96	2.95	0.548
儿童学习品质发展评价	2.93	2.82	2.79	0.081
儿童社会性发展评价	3.25	3.17	3.15	0.162
儿童语言能力发展评价	3.19	3.12	3.13	0.357
儿童科学能力发展评价	3.23	3.24	3.28	0.485
儿童艺术能力发展评价	2.84	2.81	2.73	0.030
儿童总体发展评价	3.01	2.96	2.95	0.292

(4) 不同质量等级幼儿园的家长择园偏好。从调查结果来看，在大多数择园的预测因子中，不同质量等级幼儿园的家长并不具有显著差异。但是在上下学交通上，非示范幼儿园的家长更看重这个因素。这在一定程度上说明，如果家长看重上下学交通问题，那么更有可能选择离家更方便的私立性质的幼儿园。与此同时，这些家长在选择这

些私立性质的非示范幼儿园时,可能会更重视幼儿园能够教什么给儿童(参见表2-8)。

表2-8 不同质量等级幼儿园家长择园偏好的均值比较

幼儿园质量等级 家长择园偏好	省级示范幼儿园	市县级示范幼儿园	非示范幼儿园	显著性
上下学交通	3.45	3.45	3.59	0.034
费用	3.98	4.00	4.11	0.164
课程与教学	3.67	3.81	3.91	0.038
硬件设施及学习环境	4.78	4.73	4.75	0.414
幼儿园声誉与管理	3.88	3.87	3.85	0.930
教师素质与师生比	4.70	4.65	4.69	0.325
家园沟通	4.68	4.57	4.62	0.528
幼儿喜好及同伴效应	2.75	2.82	2.96	0.096

3. 办学体制的描述性统计分析

(1) 不同办学体制的样本构成情况。根据教育部门公布的数据,2013年该市共有幼儿园390所(其中:教育部门办幼儿园149所、集体办幼儿园1所、民办幼儿园228所、部队办幼儿园2所、其他部门办幼儿园10所),3 224个教学班,在园幼儿109 154人。如果仅仅从幼儿园数量来判断的话,那么该市的民办幼儿园占到幼儿园总数的58.46%,是学前教育事业发展的重要力量。

从调查结果来看,本地户口和城镇户口,受教育年限更长和职业阶层更高的家长更偏向于选择公办幼儿园,而且公办幼儿园的家长有着更高的教育期望值。这也符合公办幼儿园服务群体以体制内的工作人员为主这个特点。与此同时,也可能和本样本中所有公办幼儿园都是省市级示范幼儿园有关,这些省市级的示范幼儿园大多数属于传统的机关幼儿园。与民办幼儿园的家长相比,公办幼儿园的家长在家庭收入上并不具有显著优势。这可能与该市民营经济比较活跃,大量的新增中高收入阶层更多来源于体制外的群体有关。由于各自的渠道不一样，这些新富群体对于公办幼儿园可能并没有特殊的偏好（参见表2-9）。

表2-9 不同办园体制幼儿园的样本构成情况

幼儿园办园体制 样本构成	民办幼儿园	公办幼儿园	显著性
本地户口	91%	96%	0.002
城镇户口	60%	83%	0.000
父母教育：初中及以下	40%	17%	0.000
父母教育：高中/中专	31%	26%	0.048
父母教育：大学及以上	28%	57%	0.000
父母受教育年限/年	11.70	13.57	0.000
父母职业：行政/企业管理人员	9%	17%	0.000
父母职业：私营企业主	11%	21%	0.000
父母职业：专业/办事人员	13%	20%	0.001
父母职业：技术辅助/个体户	15%	15%	0.929
父母职业：商业服务人员	32%	21%	0.000
父母职业：农民/工人/农民工	20%	6%	0.000
父母职业阶层	5.05	6.34	0.000
家庭收入水平：低	7%	3%	0.003
家庭收入水平：中低	31%	36%	0.112
家庭收入水平：中	30%	33%	0.245
家庭收入水平：中高	21%	20%	0.598
家庭收入水平：高	11%	8%	0.171
家庭收入/元	8 287	7 838	0.346
参加课外补习	29%	29%	0.791
教育期望：研究生及以上	56%	66%	0.000

（2）不同办学体制的家长教育满意度。从研究结果来看，不同办学体制下的家长对于教育的总体满意度并没有显著的差异（$F=1.222$，$p=0.269$），尽管民办幼儿园的满意度略高于公办幼儿园（参见

图2-29、图2-30)。这可能和办幼儿园的宗旨有关系,因为公办幼儿园一般都有一定的办园历史及相对稳定的办园宗旨。与此同时,这些办园宗旨往往不是以家长的满意与否为判断标准,更多的时候是要满足上级教育部门的办学要求。与此相对的是,民办幼儿园由于收费性质的原因,其必须满足家长择园的要求,同时也会通过各种渠道满足家长的各种需求。因此,民办幼儿园家长的满意度略高就比较好理解了。

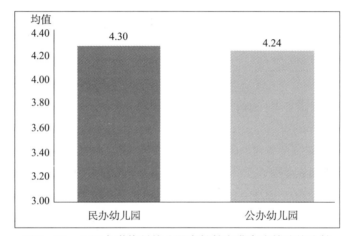

图2-29 不同办学体制幼儿园家长教育满意度的均值比较

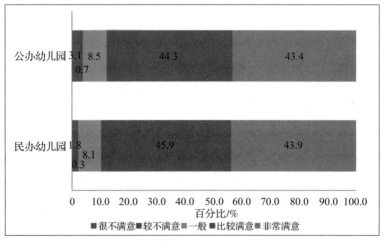

图2-30 不同办园体制幼儿园家长教育满意度的百分比构成

(3) 不同办学体制的家长对儿童发展的评价。从数据来看(参见表2-10),与公办幼儿园家长相比,民办幼儿园的家长对于儿童发展的总体评价更高，同时更倾向于肯定儿童在学习品质、科学能力方面的发展，而且不同办学体制间的差异具有显著性。但在儿童的其他发展领域，不同办学体制下的家长并不存在显著的差异。这是一个非常有意思的发现，一般而言，省市级示范园拥有更优质的师资、更好的师生比，理论上儿童可以获得更好的发展。但是在本研究中，并没有展现出类似的结果。我们的基本判断是，所谓的示范幼儿园，更多源自专家的评价，而家长在一定程度上不具备评价儿童发展所需要的能力，家长对于儿童发展的评价更多是主观的价值判断，而非客观的专业评价，这种不同办学体制的比较无法反映出真实的儿童发展的差异。

表2-10 不同办园体制幼儿园的家长对儿童发展评价的均值比较

幼儿园办园体制 家长对儿童发展的评价	民办幼儿园	公办幼儿园	显著性
儿童健康发展评价	2.97	2.94	0.254
儿童学习品质发展评价	2.86	2.74	0.001
儿童社会性发展评价	3.17	3.15	0.535
儿童语言能力发展评价	3.15	3.11	0.190
儿童科学能力发展评价	3.28	3.20	0.026
儿童艺术能力发展评价	2.79	2.75	0.165
儿童总体发展评价	2.98	2.93	0.019

（4）不同办学体制的家长择园偏好。从数据来看（参见表2-11），公办幼儿园和民办幼儿园的家长在绝大多数的择园影响因素上并不存在显著差异，显示出不同办园体制下的家长择园可能有更多的共性。但是在重视儿童的喜好及同伴效应这个因素上，民办幼儿园的家长显然更重视儿童的声音。这个问题产生的原因有以下3点：首先，学前教育阶段的择园更多是家长行为。其次，公办园往往比较难进，不存在所谓选择的问题。最后，当家长选择私立幼儿园的时候，可能更多的是通过亲朋好友的介绍，那么就有可能考虑儿童的需求。

表 2-11 不同办园体制幼儿园的家长择园偏好的均值比较

幼儿园办园体制 家长择园偏好	民办幼儿园	公办幼儿园	显著性
上下学交通	3.54	3.46	0.160
费用	4.07	4.02	0.488
课程与教学	3.86	3.80	0.271
硬件设施及学习环境	4.75	4.73	0.416
幼儿园声誉与管理	3.86	3.86	0.948
教师素质与师生比	4.68	4.66	0.269
家园沟通	4.63	4.57	0.331
幼儿喜好及同伴效应	2.96	2.73	0.003

4. 家庭社会经济地位（SES）的描述性统计分析

（1）不同社会经济地位家庭的样本构成情况。家庭社会经济地位是一个非常复杂的多层次的概念，一般而言，指根据家庭所获取或控制有价值资源（如教育、财富、社会地位等）而对其进行的层级排名，它反映了个体获取现实或潜在资源的差异。目前，家庭社会经济地位往往通过受教育水平、收入状况和职业等级三个方面来进行测量，国外很多研究都探讨过家庭社会经济地位（Socioeconomic Status，SES）与家庭过程、个体发展之间的关系。对已有研究的综述表明家庭社会经济地位对儿童的健康、认知发展和社会情感发展具有广泛的影响。

本研究中的家庭社会经济地位由家长的受教育背景、职业层次及家庭收入经标准化后求均值计算所得，是一个平均值为0、标准差为1的复合变量。本研究继续将SES分为五类，低SES（最小值至-1.5个标准差），中低SES（-1.5至-0.5个标准差），中SES（-0.5至0.5个标准差），中高SES（0.5至1.5个标准差），高SES（1.5个标准差至最大值）。从图2-31可见，本次调研所涉及的样本家庭接近一个纺锤形的社会结构，也就是说，中产阶级担当着社会的中坚地位。这样的社会结构更有助于实现和谐社会的理想。

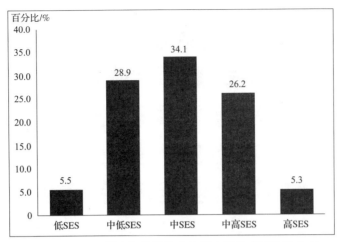

图 2-31 不同社会经济地位家庭样本的构成百分比分布

(2) 不同社会经济地位家庭的教育满意度。从调查结果来看,不同社会经济地位家庭的教育满意度存在显著的差异($F=1.715$,$p=0.044$)。社会经济地位越高的家庭,教育满意度越高,不满意的比例也越低(参见图2-32和图2-33)。毫无疑问,占据优势资本的高社会经济地位家庭拥有更多教育选择的机会,也有着更高的支付能力,更容易通过选择满足自己的教育需求。

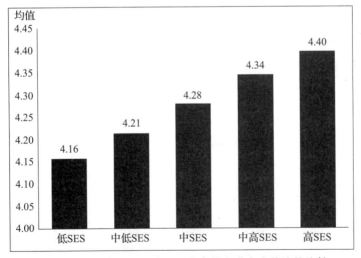

图 2-32 不同社会经济地位家庭教育满意度的均值比较

(3) 不同社会经济地位家庭对儿童发展的评价。从研究结果来看(参见表2-12),不同社会经济地位家庭对儿童的发展评价在五个指

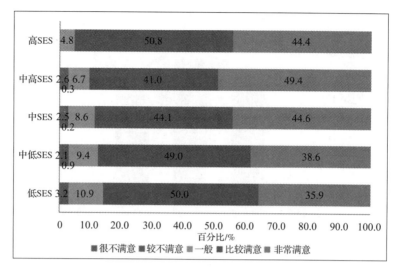

图 2-33 不同社会经济地位家庭教育满意度的构成

标上的差异达到了统计上的显著水平，只有在对儿童社会性发展及语言能力发展这两个指标上差异不显著。在对各指标的最大值和最小值进行观察后发现，对儿童各项能力发展评价最高的家长群体都来自高SES 家庭，而对儿童各项能力评价最低的家长群体都来自低 SES 家庭或者中低 SES 家庭。上述结果表明，由于较高社会阶层的家庭有能力为儿童的成长提供更优良的环境及更适合的教育选择，因而其对子女各项能力发展的评价相应都更高。

表 2-12 不同社会经济地位家庭对儿童发展评价的均值比较

家庭对儿童发展的评价 \ 家庭社会经济地位	低SES	中低SES	中SES	中高SES	高SES	显著性
儿童健康发展评价	2.88	2.91	2.99	2.97	3.02	0.062
儿童学习品质发展评价	2.85	2.74	2.83	2.86	2.99	0.009
儿童社会性发展评价	3.18	3.12	3.16	3.20	3.28	0.138
儿童语言能力发展评价	3.12	3.08	3.15	3.16	3.19	0.140
儿童科学能力发展评价	3.30	3.17	3.28	3.27	3.38	0.018
儿童艺术能力发展评价	2.76	2.71	2.79	2.80	2.95	0.027
儿童总体发展评价	2.94	2.91	2.98	2.99	3.07	0.005

（4）不同社会经济地位家庭的择园偏好。从研究结果来看（参见表2-13），不同社会经济地位家庭的择园偏好并没有显著差异，除了在选择幼儿园时对于费用的考虑（$p=0.033$）。该结果表明，无论家庭的社会阶层高还是低，家长对于高质量的学前教育及就近入园的期望都是一致的。

表2-13 不同社会经济地位家庭择园偏好的均值比较

家庭社会经济地位 家庭择园偏好	低 SES	中低 SES	中 SES	中高 SES	高 SES	显著性
上下学交通	3.68	3.56	3.47	3.46	3.59	0.300
费用	4.18	4.13	3.93	4.05	4.07	0.033
课程与教学	3.93	3.88	3.87	3.76	3.69	0.29
硬件设施及学习环境	4.75	4.75	4.74	4.74	4.75	0.997
幼儿园声誉与管理	4	3.84	3.84	3.91	3.78	0.425
教师素质与师生比	4.68	4.68	4.64	4.69	4.75	0.388
家园沟通	4.63	4.57	4.62	4.61	4.71	0.881
幼儿喜好及同伴效应	2.77	2.81	2.97	2.89	2.69	0.308

三、学前教育家长教育需求和择园机制研究

摘要 我国学前教育普及过程中的数量短缺具有结构性，人民群众对高质量幼儿园的需求与其数量的相对不足之间的矛盾日益显著。本研究采用《优质学前保教资源获取性指南》的理论框架，分析了不同办园体制幼儿园家长在入园时合理努力、支付能力、儿童发展需求和家庭需求方面的差异。本研究还利用多层线性模型考察了家长择园结果的影响因素。结果表明，优势家庭在将子女送入公办省优幼儿园或普通幼儿园中占据优势，并且能够负担民办高端幼儿园的费用，占幼儿园多数的民办普通幼儿园则担负起了给弱势家庭子女提供学前教

育服务的作用。地方政府将有限的教育经费投入到公办幼儿园。省优幼儿园不能起到保基本和广覆盖的作用，没有保障不同阶层家庭的儿童能公平地获取高质量的学前教育。

关键词 学前教育 教育需求 择园机制

（一）问题提出

学前教育是基础教育的基础、终身教育的开端，是国家教育体系中不可或缺的重要一环。世界主要国家和地区纷纷将提高入园率、全面普及学前教育作为学前教育发展战略的基本方向，学前教育全面普及成为国际性趋势。2009年全国学前三年毛入园率仅为50.9%，学前一年毛入园率也只有74%。《国家中长期教育改革和发展规划纲要（2010—2020年）》明确提出，要"基本普及学前教育""建成覆盖城乡的基本公共教育服务体系，逐步实现基本公共教育服务均等化"。

随着学前教育两期三年行动计划的推进落实，学前教育的供需矛盾得到有效缓解。截至2016年教育部第二期学前教育三年行动计划完成时，全国学前三年毛入园率达到77.4%，3~6岁学前教育供需矛盾有所缓和。2018年11月，中共中央、国务院首次印发《关于学前教育深化改革规范发展的若干意见》，明确提出到2020年全国幼儿园的毛入园率要达到85%。

2010年《关于当前发展学前教育的若干意见（国发〔2010〕41号）》发布，明确提出建立政府主导、社会参与、公办民办并举的办园体制。根据意见，我国将"大力发展公办幼儿园，积极扶持民办幼儿园"。但是由于办园体制及财政支持方面的差异，幼儿园办园质量存在较大差异。幼儿园教育质量问题最近得到了广泛的关注。已有的研究发现，接受什么样的学前教育会对儿童的未来发展产生显著的不同影响（Sylva，2008）。在家庭条件相当的情况下，中等质量水平幼儿园儿童的发展不如优质幼儿园儿童的发展；低质量水平幼儿园的儿童更可能表现出高水平的荷尔蒙激素和社会性、情感、行为方面的问题（Sims，2005）。更为重要的是，学前教育质量还会对儿童的学习与发展产生长期影响，如对其中小学的学业水平、辍学率、就业、收入、犯罪率等都有影响。

当前供给侧的高质量学前教育资源短缺和广大人民群众日益增长的需求之间的矛盾加深，新时期民众对于保教质量的提高关注度增强。对学前教育数量短缺的进一步分析表明，供给短缺具有结构性，其根本原因是"入好园难、入好园贵"，民众对高质量学前教育强烈的需求与其供给数量相对不足是当前学前教育发展的底层矛盾。因此，学前教育的数量短缺与质量问题是相互影响的，不是单纯的两个问题（刘昊，2014）。家长是学前教育最大的利益相关者，他们选择幼儿接受教育的方式及进入的学前教育机构都将深刻影响孩子未来的认知和非认知能力的发展，进而影响下一阶段的教育选择和供求关系。十九大报告中提出了"努力让每个孩子都能享有公平而有质量的教育"的目标，要"办好学前教育"。因此，本研究主要关注幼儿园家长在择园时考虑的因素及择园结果，考察不同阶层儿童是否能公平地获取高质量的学前教育。

（二）文献综述

1. 我国基础教育择园问题与就近入学

教育承担的一项非常重要的社会功能就是平等化，即弱势群体人群通过接受教育来实现阶层的向上流动，从而促进社会阶层的平等，保持社会的稳定性。我国社会各界都高度关注择园的问题。作为一种公共资源，教育机会的分配应该反映公平、公正的社会价值，但是择园问题的盛行使得社会不公问题更加严重，限制了教育平等化的作用，使得优势阶层掌握了优质的公共教育资源。义务教育阶段的择园与教育公平的价值理念相冲突被广泛批评，愈发严重的择园问题严重影响着人们追求教育公平的价值理念与诉求。

义务教育作为国家提供的一种带有强制性质的服务，其分配的基本要求就是公平。教育管理部门有针对性地颁发了一系列限制择园的政策，强调"免费、免试、就近入学"，试图通过行政手段限制择园行为。教育管理部门根据行政区划,以特定的某一学校为中心,以一定的地理范围为标准,学生不得选择区域外的学校入读,学校也不能在区域外进行招生,一切适龄儿童、少年就近入学。"就近入学"在政策层面上的目的是保证适龄儿童入学的便利性和公平性,同时适龄儿童也应在政策规定的区域内接受义务教育,杜绝其他因素妨碍受教育者接受义务教育的权利。

教育机会均等的内在结构包含"人人有权接受教育"和"人人接受高质量的教育",对受教育机会的均等性分别在数量和质量上进行规定。按照就近入学原则,义务教育阶段的机会均等是一种低层次的平等,在教育发展存在地域上的不均衡的情况下,只能保证公民公平地获得基本受教育权,还不能实现教育质量的实质公平(吴遵民 等,2006)。教育资源空间分布的差异性通过就近入学的强制性使得个体被结构性地固化在了不同的教育节点中,教育节点与社会阶层分布相一致,即义务教育阶段学校的质量差异与身处其中的社区好坏紧密相连,与社会阶层的高低深度结合(李涛,2015)。学校在地理空间的分布进一步吸引了不同社会阶层的同类化聚集,就会导致社会中上阶层聚集在学校质量高的社区内,中下阶层由于房价或者生活成本的挤压被迫迁出的现象。教育和阶层的双向互动致使其各自内部分化的界限清晰明了并形成稳定的利益链条(李涛,2015)。

从就近入学政策的实施情况来看,该政策在农村地区的贯彻推行程度较高,然而在经济发达地区,尤其是在大中城市中,就近入学政策的推行却举步维艰,"天价学区房"现象的出现表明就近入学政策在现实中被扭曲。择园行为带来的种种弊端如果用就近入学的政策来治理,只能做到浅层的公平与公正,但实际上剥夺了弱势阶层教育选择的权利,也在客观上赋予优势阶层利用其经济上的优势选择优质的公共教育或者民办教育,无法从根本上解决教育的不公平问题。文东茅(2006)发现弱势群体在择园竞争中处境明显不利,而现行的就近入学政策和择园收费行为则进一步维持和强化了弱势群体的不利处境。强制就近入学与以钱择园一样会导致教育机会的不均等。

2. 国外择园现象与家长选择

每个人的成长环境、个性需求都存在差异，在推进教育公平时需要为不同的个体创造适宜自身发展的条件，提供给每个学生适合他们自身条件的教育资源，而获取适合自身教育的先决条件恰恰是能够自由地选择学校（储朝晖，2005）。受教育者根据个人的喜好和需求自由地选择教育资源是现代社会中个体的权利，满足多样化的教育需要也应该成为制定公共教育政策的出发点之一（申素平，2009；沈海驯等，2010）。与就近入学政策相比，赋予公民自主择园权利是让后天的因素参与对教育机会的均等性的追求。就近入学的义务教育机会分配制度只是以先天的因素作为确定教育机会获得的根据，体现的是国家管制的权力，不利于形成基于市场协调的优质教育资源分配机制（冯明，2003；陈天红，2005）。

自20世纪80年代以来，西方资本主义国家义务教育阶段的入学政策实现了从限制择园到鼓励择园的转变。从国外择园政策转向的过程可以看出，西方国家择园政策最直接的动因是公立学校教育质量的薄弱、办学体制的僵化、管理效率的低下。美国择园政策的主要特点是联邦政府和各州政府都对自主择园采取了积极的政策，并给予大力的经费资助；实施多元化的办学体制，改变了以往只由政府举办公立学校的局面；大力推进教育的市场化办学，实施了教育券制度（易丽，2005）。择园制度赋予了消费者通过合法手段选择理想学校的权利。政府从服务型政府的角度出发，鼓励创办不同形式的教育机构，丰富教育服务的供给类型和差异，促进择园选择的多样化，强化学校之间的良性竞争，比如在公立学校系统内建立特许学校、磁石学校、家庭学校、私立学校，甚至鼓励营利学校和托管学校的兴办（张东娇，2010）。

西方国家虽然整体上偏向支持择园作为一种权利，但是也有不少意见对择园持保留态度。双方争议的焦点包括：学生择园能否提高学校教育质量；学生择园能否给学生提供更多元、更合适的教育；学生择园是否会造成教育机会的不均等。实施择园各国的相关研究表明，择园对高社会地位和高经济收入群体更加有利,这就导致了教育机会的不均等,学校中学生融合的现象减少,社会经济地位隔离的现象日益加剧(Elmore & Fuller, 1996; Willms & Echols, 1993)。

3. 学前教育阶段择园的特点

我国高考具有高利害性和强选拔性质,基础教育的管理方式及价值取向都受到高考的影响。高等教育的选拔结果也带有明显的社会阶层特征,优势阶层家庭的子女在争取高等教育入学机会上也占据优势。高等教育入学机会的不均等会强化阶层身份的再生产,学生所在的社会阶层会进一步地被固化。阶层固化并不是高等教育阶段独有的社会现象,它从幼儿园、小学和中学阶段就开始了,高等教育的这种机会不平等是基础教育不平等的一个自然而然、不动声色的延续(杨东平,2006)。由于高考招生改革推进缓慢,应试教育的影响也开始从义务教育阶段向学前教育阶段传导,有些幼儿园采用"小学化"的教学方式,开展与儿童年龄发展阶段不相匹配的强化训练和超前教育,引起了社会的广泛担忧(佘宇 等,2019)。

学前教育作为基础教育的基础,其公平性对后续教育阶段具有长远的影响。目前学前教育优质资源缺乏,大部分家长由于缺乏政治资本或经济资本,无法为子女争取到进入优质幼儿园的机会。为了给子女将来接受义务教育打下良好的基础,这些家长主动或被动地只能选择学前教育小学化这一路径。这些家庭为了克服文化资本和社会资本缺乏的现实,采取学前教育阶段抢跑的方式,用知识化、成人化的教育方式给孩子提前灌输小学的教育内容。教育专家反对学前教育小学化、教育管理部门反对学前教育小学化的文件在激烈的竞争面前都显得微不足道(周桂勋 等,2017)。

普及学前教育可以促进个体身体和心理的健康发展,可以为完成义务教育阶段奠定基础,可以提升劳动力的整体素质,保障家庭生活的幸福和谐,促进社会的稳定发展,提高国家的综合实力和国际竞争力,因此,学前教育具有重大的战略价值和意义。学前教育要实现上述作用,其前提条件就是要保证教育的高质量,低质量的学前教育对儿童发展是有害的。我国社会长期以来就有重视教育的传统,计划生育政策的实施使得家庭更加重视儿童的"优生、优育、优教"。随着生活水平的普遍提高和社会阶层的分化,人民群众对于优质学前教育资源的需求不断增长(刘焱,2009)。

国务院发展研究中心"中国民生调查"课题组2016—2018年对8个省的入户问卷调查显示,家长对学前教育不满意的选项排在前三位的依次是"入园贵""入园难"和"教育质量差/学不了什么东西"(佘宇 等,2019)。中国学前教育在"十二五"后由于政策的驱动,普惠性学前教育资源在数量上大大增加,"入园难"和"入园贵"的问题在很大程度上得到了缓解。但是随着社会分层的进一步分化及消费能力的普遍提升,家庭对于接受优质学前教育的需求愈发旺盛。我国学前教育在近年的快速发展中不可避免地存在教育质量发展滞后的问题。由于学前教育运行保障机制和成本分担机制尚未完善,相当一部分幼儿园,尤其是农村地区幼儿园存在的教师数量不足、工资待遇不高、专业素质薄弱等问题突出,学前教育质量必然要受到直接或间接的影响。

学前教育阶段的择园同义务教育阶段的择园有很大不同。首先,义务教育阶段的择园是主动性选择行为。即使家长不进行择园,其子女也会被分配到一个学校中就读,而择园的家庭是牺牲就近入学的优惠条件,通过多种途径选择自己理想的学校就读(步滕滕,2018)。但是学前教育阶段尚未出台类似于"就近入学""划片入园"的政策约束,幼儿园选择则是被动选择,意思是如果不进行选择,就不会有一个政策上划归的幼儿园提供给幼儿就读(李雪晗,2009)。

其次,义务教育和学前教育阶段学校办学体制和均等性也存在很大差异。义务教育通常被视为公共产品,应该由政府来提供服务,因此,义务教育绝大多数学校都是公办学校。义务教育均衡发展是在义务教育阶段,合理配置教育资源,全面提升教师整体素质,义务教育实行均衡发展策略,区域内义务教育学校在经费投入、硬件设施、教师资源、教育质量等方面大体处于一个相对均衡的状态,缩小学校、城乡、区域间教育发展水平的差距，保证所有学生受教育权利与机会的平等和公平。反观学前教育，由于被视为准公共产品，办园体制是以政府主导、社会参与、公办民办并举的办园体制。教育财政对于公办幼儿园和民办幼儿园的支持力度存在差异。此外，我国对公办幼儿园实行分级评估制度，按照办学条件、幼儿园管理和办园效益分为示范幼儿园、一级幼儿园、二级幼儿园和三级幼儿园；民办幼儿园按照办学条件和收费标准有高、中、低不同的档次。只要存在不同质量的教育供给，受教育者就会展开竞争去争取接受更高、更优质量的教育，择园行为就会必然存在。

最后，家长在学前教育阶段择园时考虑的要素要比义务教育阶段择园时更加复杂。家长在择园或择园时首先要考虑学校质量的高低，基础教育阶段的学校质量主要体现在学生学业成绩的增值性上，而学前教育阶段家长则需要考虑保育和教育质量。义务教育阶段家长并不需要分担教育成本，但是学前教育阶段的办学经费一般由政府、市场和家长共同分担。家长要根据自己的收入情况和倾向性为子女选择合适的幼儿园。不同社会阶层对幼儿园价格的敏感程度也存在巨大的差异。对中上阶层这一群体来说，他们对学前教育的价格虽然不很敏感，但是对优质教育资源的需求很强。对于中下阶层家庭而言，他们对学前教育的价格比较敏感，迅速为他们提供替代性的学前教育服务，为这个阶层的孩子提供充分的学前教育机会，是减少社会矛盾的重要举措（曾晓东，2005）。与义务教育不同的方面还有学前教育对服务半径有特殊要求，家长为了方便接送孩子，必须考虑学前教育的可获得性和便利性，会注重幼儿园与家的距离，离家近的幼儿园更受家长的青睐（唐林兰，2012）。

4. 优质学前保教资源获取性指南

监测我国学前教育发展的政策效果，需要对学前教育公平程度和保教质量进行科学的评估和监测。要实现上述目标，教育管理部门需要采用合适的工具对学前教育的公平和质量进行监测，了解学前教育资源供给是否满足儿童接受普惠性和有质量学前教育的需求，以及能在多大程度上满足。如何实现动态的监测和推进儿童对普惠性、有质量的学前保教资源的获取性是验证我国学前教育发展政策效果的核心问题。

综合以往研究来看，我国研究者已经提出了教育公平（孙阳 等，2013）、教育均衡（薛二勇，2013）的评价指标体系，但学前教育阶段往往被排除在外。学前教育研究也关注幼儿园教育质量的评估指标体系（刘焱 等，2008；李克建，2017），但往往对公平维度没有很好地关注到。从国外近期的研究来看，学前教育资源获得性概念及其测量主要涉及可得性、利用率、成本、支付能力、保教质量等维度，以及地理位置、交通便利性、信息获取渠道、时间便利性等具体影响因素（Forry，2013；Tout，2006；Sandstrom，2012）。

我国政府近年来进一步加大学前教育的政策干预力度及监管职能范围，同时鼓励社会力量积极参与，共同建设一个使广大群众受惠的学前教育服务体系，力争早日实现让每个儿童都享有公平且有质量的学前保教资源的政策目标。但是我国学前教育领域存在市场失灵的现象，如何合理划分政府与市场之间的边界是一个悬而未决的政策难题，政府主导的公平性和家庭要求的选择性之间的矛盾也愈加凸显（虞永平，2007）。学前教育资源在微观层面的配置缺乏科学的依据，政府对学前教育公平的推进与实施很难进行持续的评估和监测（郑楚楚 等，2017）。这些声音都指出了我国的学前教育政策生态及政府、市场和民众间的关系问题，呼吁政府在学前教育质量提升与公平推进进程中加强干预与监管职责，同时处理好与市场、家庭间的博弈。

获取性（access）指的是获取、接近、使用某种物品、信息、资源的权利和机会。优质学前教育资源获取性（Access to Quality Early Childhood Education，ECE Access）指的是对高质量学前教育资源的获取权利和机会。国外研究者做出了关于不同学前教育机构/项目类型的获取性研究（Bainbridge，2005），以及关于处境不利儿童对学前保育和教育资源的获取机会研究（Yoshikawa，2013），还有关于不同州或地区政策情境下的优质学前保教资源获取性差异的研究（Connors，

2015）。联合国教科文组织（UNICEF）也在2014年建构的整体学前儿童发展指标框架中纳入了儿童和家庭对优质学前教育项目和服务的获取性这一维度和指标（UNESCO，2014）。

世界学前教育发展的趋势就是提高家庭对于优质学前教育资源的获取能力，确保每个儿童都能接受公平且有质量的学前教育。2014年再授权的《儿童保育发展拨款计划》（Child Care Development Block Grant Act，CCDBG）通过实施一系列的政策来增强儿童对学前教育优质资源的获取能力，包括增加儿童保育资金补助、提高保教质量、增加特殊需要儿童的教育获取机会等，并要求各州定期提交关于优质学前教育资源的供给状况调查报告等。特朗普总统入住白宫后，美国联邦政府政策发生了很多变化，对各州政府提交和记录本州优质学前保教资源获取性状况的机制提出了新要求，紧急呼吁各州政府和研究机构尽快确定一个具有普适性的优质学前保教资源获取性概念，并制定一整套通行的评测指标体系，以便于联邦政府对各州更好地进行比较和统筹安排（Friese，2017）。

在政策的驱动下，美国学前教育研究领域的非营利组织机构"儿童趋势"（Child Trends）受美国健康与人类发展部儿童家庭管理局规划研究与评估办公室（Office of Planning, Research and Evaluation, Administration for Children and Families, US Department of Health and Human Services）的委托，组织相关领域专家成立优质保教资源获取性专家组（ECE Access Expert Panel），研制并发布了《获取性测评指南》，用以满足政府的需求。2017年2月，美国健康与人类发展部儿童家庭管理局规划研究与评估办公室发布一份研究报告《界定和测评优质学前保教资源获取性：政策制定者和研究者指南》（Defining and Measuring Access High Quality Early Care and Education: A Guidebook for Policymakers and Researchers），对学前优质保教资源的获取性进行重新定义，并提出获取性测评的指标体系框架和测评策略，旨在为全美推进和确保每个儿童公平获取和享有优质学前保教提供共识性的理论框架和指南，为相关政策的制定者和研究者评估特定区域范围内儿童家庭对优质保教资源的获取性状况提供了概念框架与工具（韩玉梅 等，2018）。

《获取性测评指南》对以往文献进行梳理，将优质学前保教资源获取性界定为适龄儿童可获取和利用高质量学前保教资源与服务的机会和能力。为了易于测评和增强可执行性，《获取性测评指南》从家庭和儿童的利益需求视角将优质学前保教资源获取性内涵分解为四层维度进行解析，包括：需要家庭付出合理的努力才能获取（Reasonable effort）；要求家庭具备一定的支付能力才能获取（Affordability）；获取的保教资源能够满足儿童发展需求（Supports the child's development）；获取的保教资源能够满足家长的需求（Meets the parents' needs）。如图2-34所示。前两个维度中家庭的合理努力和可承受限度内的经费分担是实现优质保教资源获取的先决条件，是对获取机会、获取能力的向度的规定。而后两个维度中儿童发展需求和家长需求的满足则是教育质量的本质要求，是衡量教育质量水平的标尺，是对所获取的保教资源的质量向度的规定。四个维度的交织综合使这一概念得以兼顾质量与获取性（韩玉梅 等，2018）。

图2-34 优质学前保教资源获取性的理论框架

《获取性测评指南》的四个维度从不同视角对优质保教资源获取性的内涵进行阐释和解构，通过筛选和确定关键指标将抽象的获取性概念转化成具体的、有可操作性的概念，从而使各指标之间的量化分析成为可能。优质保教资源获取性概念是以家庭和儿童的需求为导向的，很多指标都指向了家庭和儿童获取性状况的个体因素特征，因此，对设计获取性评价的儿童、家庭，乃至家庭集合而成的社区等的特征变量的选择和确定能在很大程度上影响测评结果，与此同时，采集个体特征变量的数据可以进一步用作相关分析和回归分析,从而更全面地了解不同类型儿童、家庭、社区的优质保教资源获取性状况及其影响因素,避免造成忽略个体因素的系统性结论偏误(韩玉梅 等,2018)。

(三) 数据与模型

本研究主要关注家长择园的影响因素。因变量为幼儿园类型,按照所有制可以分为公办幼儿园和民办幼儿园,按照办园层级又可以进一步细分为公办省优幼儿园、公办普通幼儿园、民办高端幼儿园和民办普通幼儿园四类。

本研究将影响家长择园类型的因素分为以下层面:区县层面因素按照行政区划级别分为城区及县/县级市。个体层面的变量包括幼儿的性别,年级(包括托儿班、小班、中班和大班),户籍类型(本地户口 = 1,城镇户口 = 1),父母的教育水平(文盲/半文盲、小学及初中文化程度为低教育水平,高中/中职/技校文化程度为中等教育水平,大专/本科/研究生学历为高等教育水平),职业层级(依照陆学艺提出的十大社会阶层标准,划分为国家行政管理人员、企业经理人员、私营企业主、专业技术人员、办事人员、个体工商户、商业服务业人员、产业工人、农业劳动者、城乡无业失业半失业者),家庭的月平均收入水平(2 000元以下为低收入,2 000~5 000元为中低收入,5 000~8 000元为中等收入,8 000~15 000元为中高收入,15 000元以上为高收入)及家庭教育的基本情况(教育期望及是否参加补习班)。

由于家长调查采用的分层抽样方法,本研究使用的数据存在嵌套关系,个体嵌套于所在区县,家长在选择幼儿园时的因素既受个体因素的影响,也受所在区县不同所有制幼儿园分布及教育政策的影响。如果采用传统的回归方法在个体层面对家长择园结果进行预测,由于同一区县的家长不是相互独立的,会受到相同组织变量的影响,这就违反了观测的独立性假定。多层线性模型(Hierarchical Linear Models,HLM)可以很好地处理具有嵌套结构的数据。本研究的主要目的是考察家长在选择不同所有制幼儿园时的决定机制,因此,建立了两层线性模型,家长是第一层次,区县为第二层次,然后在不同的层次上分别引入自变量对家长择园差异进行解释。本研究中的家长对于不同所有制幼儿园的选择结果是一个二分变量,因此,我们将模型扩展为广义多层线性模型(Hierarchical Generalized Linear Models,HGLM)。在建立的两层线性模型中,家长是第一层次,区县为第二层次。因变量包括四类幼儿园,本研究以民办普通幼儿园为参照组,对多项结果的多层模型设定为:

层一模型 $\lg(P_{i|4}) = \ln\left(\dfrac{P(Y=i \mid X)}{P(Y=4 \mid X)}\right) = \beta_{0j} + \beta_{1j}(农业户籍)_{ij} +$
$\beta_{2j}(年级)_{ij} + \beta_{3j}(人口学特征)_{ij} +$
$\beta_{4j}(父母教育)_{ijk} + \beta_{5j}(父母职业)_{ij} +$
$\beta_{6j}(家庭收入)_{ij} + \beta_{7j}(教育期望)_{ij} +$
$\beta_{8j}(择园因素) +$
$\beta_{9j}(农业户籍 \times 择园因素) + e_{ij}$

层二模型 $\beta_{0j} = \gamma_{00} + \gamma_{01}(市区)_j + u_{0j}$
$\beta_{ij} = \gamma_{i0}$

(四)结果

《获取性测评指南》将优质学前保教资源获取性的首要因素归结为需要家庭付出合理努力(Reasonable Effort)才能获取。"合理努力"主要指的是在学前保教资源供求关系的互动张力中家长对相关信息的知情和获取程度。学前教育服务的供给者与消费者之间存在着严重的信息不对称,若非专业人士,家长很难了解什么样的课程是真正符合儿童发展需求的。这也使人们常常选择其他一些信息来代替对教育质量的评价。例如,重视幼儿园的环境建设和硬件设施(韩玉梅 等,2018)。本研究发现,家长在选择幼儿园时除了考虑幼儿园的距离外,还会做出合理努力,并通过亲友介绍、幼儿园宣传材料或媒体报道等多种方式收集择园相关信息,从而对备选幼儿园的质量做出自己的判断。家长择园信息选择途径的描述统计如表2-14所示。

表2-14 家长择园信息选择途径的描述统计

类型＼途径	亲友介绍/%	家附近寻找/%	幼儿园宣传材料/%	媒体网络报道/%
省级示范幼儿园	32.6	25.0	35.1	7.3
普通公立幼儿园	39.9	44.1	15.9	0.1
民办高端幼儿园	49.2	32.1	17.9	0.8
民办普通幼儿园	50.6	31.3	16.5	1.6

《获取性测评指南》将家庭支付能力（Affordability）列为重要指标之一来评估广大儿童的优质保教资源获取能力，并分别从家庭支出视角和托幼机构收费视角对这一维度进行分解。家庭开支状况的具体指标要素包括家庭为儿童接受优质保教服务所支付的开支、保教费支出在家庭经济收入中的占比2项指标（韩玉梅 等，2018）。本研究发现，不同类型幼儿园家长的育儿费用占家庭收入的比例都比较相近，在29.6%~31.3%之间，这表明不同类型的幼儿园家长对学前教育都很重视，在家庭收入能承受的范围内对幼儿的教育和保育投入都很大（见表2-15）。

表2-15 不同类型幼儿园育儿费用占家庭收入比例

类型	占比/%
公办省优幼儿园	31.3
公办普通幼儿园	29.7
民办高端幼儿园	30.4
民办普通幼儿园	29.6

《获取性测评指南》将获取的保教资源能够满足儿童发展需求（Supports the child's development）作为另一重要指标。基于长期追踪数据的研究表明，长期稳定地接受高质量学前教育服务能有效促进儿童发展，满足儿童个性化的需求，处境不利儿童受益尤为显著（Campbell，2002；Reynolds，2007；Schweinhart，1993）。不能有效支持儿童发展的低质量学前保教服务有可能对儿童发展造成不良影响，即使儿童能够获取这样的保教资源也是有害无益的（曹中平 等，2005）。因此，对儿童发展需求的满足程度和支持力度是检验和测量学前教育机构质量水平最为核心的衡量标准之一，也应成为优质学前教育资源获取性的质量维度下的评价指标之一，用以判断和分辨儿童所获取的学前教育资源质量水平。通过这一维度的测度旨在反映，对儿童发展的支持力度越高，保教机构的质量水平就越高，相应的，儿童的优质学前保教资源获取性指数越高。相反，假设保教机构对儿童发展的满足程度较低，则说明该保教机构的质量水平较低，其优质学前保教资源获取性水平指数也相应降低（韩玉梅 等，2018）。

中国社会阶层的差异在利益基础上形成了情感和认识的不同，进而造成了不同阶层文化和社会需求方面的巨大差异。本研究发现，无论是城镇家长还是农村家长，幼儿的健康成长都是他们所最期望的，且城镇家长在此维度的期望要高于农村家长；在知识和技能的学习方面，农村家长的重视程度要高于城镇家长。Piotrkowski 等（2000）有关家长对儿童阅读理念的研究发现，家长认为阅读兴趣比获取知识更重要。（刘宝根 等，2006）发现中国家长对日常自理能力的培养更加重视，家长们认为良好的生活习惯比知识学习更加重要。中外家长的这种认知差异可能与各自的文化背景有关，家长对于"幼儿园该教什么"的观念有着深刻的历史、文化和传统烙印。西方社会推崇个人取向（Individualism），对儿童的主动性和探索性更加重视，因此，西方的家长强调儿童的兴趣驱动。而东方文化更加强调集体主义（Collectivism），重视儿童如何适应社会、环境和各种规则，因此，对生活习惯更加重视。本研究还发现，在对幼儿的教育期望上，由于绝大多数家长对幼儿的期望都是本科及以上，因此，本研究以研究生为界，农村家长对幼儿有研究生教育期望的比例要高于城镇家长，这表明了农村家长对于儿童通过教育成功来实现阶层跃升的强烈期望（参见表 2-16、表 2-17）。

表 2-16　城镇户籍家长对儿童在幼儿园发展的期望

期望方面 类型	安全营养 健康成长 /%	开心快 乐/%	知识 技能 学习/%	社交 能力 /%	生活 自理 /%	研究生 教育期望 /%
省级示范幼儿园	58.3	24.1	16.7	0.9	0.0	63.3
普通公立幼儿园	61.5	22.4	9.4	3.9	0.9	58.5
民办高端幼儿园	70.5	20.2	3.8	5.5	0.0	48.6
民办普通幼儿园	65.0	26.2	6.1	2.4	0.2	54.4

表 2-17　农村户籍家长对儿童在幼儿园发展的期望

期望方面 类型	安全营养 健康成长 /%	开心快 乐/%	知识 技能 学习/%	社交 能力 /%	生活 自理 /%	研究生 教育期望 /%
省级示范幼儿园	50.0	21.4	21.4	7.1	0.0	67.4
普通公立幼儿园	56.8	26.3	10.1	6.8	0.0	60.0
民办高端幼儿园	66.7	23.1	6.8	3.5	0.0	61.4
民办普通幼儿园	63.9	22.0	10.5	3.7	0.0	55.4

《获取性测评指南》还将获取的保教资源能够满足家长的需求（Meets the parents' needs）作为评价指标之一。在为子女选择幼儿园的决策过程中，家长会综合考虑儿童的需求及家庭的整体情况。本研究中家长在择园时最看重的因素就是硬件和办学条件。学龄前儿童的身体还处于发育阶段，缺乏自我保护能力，因此，保证生命安全和身心发育是学前教育的首要责任。除了危房教室能对儿童安全构成威胁外，交通工具、空气质量、空间大小、活动材料、生活设施等也是需要关注的安全因素（翟艳 等，2012）。因此，学前教育机构首要职能就是为儿童提供一个舒适和安全的学习和活动环境。学习环境是幼儿园一切活动的物质基础，可以影响到教师和儿童的行为方式和人际互动质量。物理环境包括室内外空间的大小、状况、器具装备、空间的安排

和利用，以及供儿童操作的物质材料、玩具等。各国一般都对每个儿童拥有的室内外空间的最低限度提出具体要求，普遍要求室内宽敞明亮、通风良好、温度适宜、地面不打滑、房屋建筑装修材料中不含对人体有害物质（周欣，2003）。此外，家长对儿童身心发展规律的科学知识一般掌握得不充分，再加上幼儿园对家长开放的时间有限，对幼儿园教育过程很难了解到全面的信息，因此，对幼儿园教育质量的评价不可能全面、准确、客观（原晋霞，2011）。据此，家长在选择幼儿园时往往会利用其他信息来代替对教育质量的评价，如重视幼儿园硬件设施和外部环境（优美的校园、豪华的装修、先进的教学设备等），有可能忽视了幼儿园中有关教育质量的软件因素（唐林兰，2012）。

　　本研究发现教师素质与师生比是家长在择园时第二看重的因素。苗素莲等（2015）发现广州市家长在为孩子选择幼儿园时，考虑的首要因素是教师素质，其次是教学质量，再次是教学环境（园舍设施），然后是离家远近，最后是收费标准。从理论上来说，教师所具备的学前教育专业学历越高，其与儿童相互作用的质量就越好，和儿童之间会有更多的语言交流，对儿童表现出更多的关注和更和善的态度，更少采用惩罚和严厉批评的手段。教师与儿童高质量的相互作用与儿童的认知、社会情感和语言发展成正相关（Phillips et al.，1992）。对于师生比，在特定的时间内，教师所关注的儿童人数越少，其对个别儿童关注的可能性就越大，也就更可能提供个性化的教育。相反，在人数多的情况下，教师需要花较多的精力去维持秩序和解决问题。Frede（1995）的研究表明，教师和儿童在儿童人数多和人数少的情况下所表现出的行为不一样。严格遵守了教师/儿童比率的托幼机构，教育活动更符合儿童的发展水平，教师对儿童的反应更敏感，态度也更好，而这些托幼机构在质量评定当中更有可能获得好分数。当面对较多的儿童时，儿童对成人的主动对话减少，成人对儿童的说话增加，教师的行为很刻板，对儿童做出反应的敏感性降低，与儿童交谈和相互作用的机会减少，对儿童控制更严，教师自己也更容易疲劳（Palmerus,

1996)。师生比还会影响教育质量中的其他诸如健康、安全和教育过程的问题。因此,美国要求 2 岁儿童的班级人数为 8~12 人,师生比相应为 1:4~1:6;3 岁儿童的班级人数为 14~20 人,师生比相应为 1:7~1:10;4~5 岁儿童的班级人数为 16~20 人,师生比相应为 1:8~1:10。

家长在选择幼儿园时第三看重的因素是家园沟通。家长的参与是托幼机构教育质量评定的一个重要方面。它包括幼儿园给家长提供本园的详细介绍;员工与家长的双向交流,如家访、开家长会等;员工对家长的儿童教育指导;家长对教育活动的了解和参与,家长知晓或参与幼儿园的重要决策等。

本研究发现,家庭在择园时考虑的因素中费用合理性排在第四位,这表明父母在择园时更加注重质量,愿意为高质量的学前教育支付更高的费用,但同时父母在择园时也会受到家庭收入水平的约束。本研究还发现,所有类型幼儿园家庭收入的 30% 都用在养育和教育儿童上。这说明无论家庭收入水平高低,家长都会将很大一部分经济资源投到子女身上,且不会因选择的幼儿园不同而有所区别。

学校声誉是家长择园第五重视的因素。学校美誉度是民众对学校赞美和称誉的程度,是民众对学校给予评价的舆论倾向性指标。学校如果拥有良好的声誉,就会产生品牌效应,学校的竞争力也会随之增强。值得注意的是,学校的声誉不等于知名度,学校可以通过新闻媒体的宣传来增加知名度,但是学校的美誉度只能通过正确的办学理念、高质量的师资及优秀的学业表现来实现。学校拥有较高的声誉就会吸引学生更多的关注,家长也会慕名将孩子送过来。因此,美誉度高的学校可以挑选各种优质生源,从而享有学校声誉带来的益处(张东娇,2010)。

课程与教学在家长择园重视因素中排名第六。课程设置是学前教育服务内容的核心部分,对幼儿园课程的评价包括课程目标、内容、组织与实施等几个方面的内容。Hyson 等(1990)研究发现,不同种类的课程对儿童的发展具有显著影响。如果学前教育机构采用与儿童发展阶段相适应的课程,那么儿童在学业技能和创造性方面的得分会更高一些,并且儿童焦虑程度也会降低。我国的研究在所确定的托幼机构教育过程的变量中有相当的成分是与课程的实施方面有关的(项宗萍,1995)。但是学前教育消费者与服务提供者之间存在严重的信息不对称问题,由于家长缺乏专业的知识储备,他们很难了解哪些课程能够满足儿童发展需求,因此,会转向其他信息来代替对课程设置的评价,例如重视幼儿园的环境建设和硬件设施。从某种意义上讲,学前教育是一种典型的"信任品",这类产品需要借助专门的技术标准或通过专家予以评估。在信息不对称的情况下,容易产生逆向选择和道德风险等交易障碍,从而使家长在选择幼儿园时不能做出正确决策(曾娅琴,2014)。

家长在择园时考虑的各种因素如图 2-50 所示。

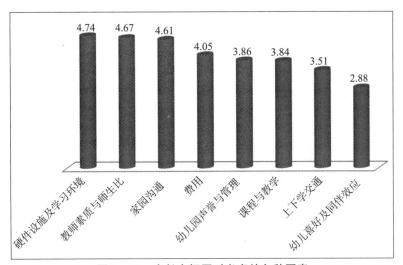

图 2-50 家长在择园时考虑的各种因素

家长对不同所有制幼儿园选择决定机制的多层线性分析结果见表 2-18。结果表明,相对于县级市儿童,区县间家长对于不同所有制幼儿园的选择没有显著差异,与县城家长相比,市区家长有更多的机会将子女送入公办省优幼儿园($\gamma_{001}=1.309^*$)或民办高端幼儿园($\gamma_{001}=3.580^{**}$),该结果表明不同类型的学前教育机会在区县间的分布并不均衡。

表 2-18 幼儿园家长择园影响因素的多层线性模型分析

变量	公办省优幼儿园	公办普通幼儿园	民办高端幼儿园
截距，γ_{000}	-2.225**	-1.861*	-3.912**
市区，γ_{001}	1.309*	0.680	3.580**
户籍：农村，β_{01}	-0.661*	-0.804**	-0.282
年级：中班，β_{02}	0.291	-0.162	-0.017
年级：大班，β_{03}	0.370	-0.287	-0.043
性别：男性，β_{04}	-0.250	-0.008	-0.185
民族：少数民族，β_{05}	-0.445	-0.166	-0.053
父母教育：大学/研究生，β_{06}	1.860***	1.592***	0.542*
父母教育：初中以下，β_{07}	-0.944***	-0.508*	-0.186
父母职业：行政/企业管理人员，β_{08}	0.485*	0.028	-0.266
父母职业：私营企业主，β_{09}	0.804**	0.246	-0.488
父母职业：专业技术/办事人员，β_{10}	0.335	0.693*	0.160
父母职业：技术辅助/个体户，β_{11}	0.049	0.240	-0.162
父母职业：农民/工人/农民工，β_{12}	-1.403***	-0.188	-0.743**
家庭收入水平：高，β_{13}	0.857**	0.659*	0.902**
家庭收入水平：中，β_{14}	0.107	-0.094	0.278
家庭收入水平：低，β_{15}	-0.881*	-0.052	-0.221
教育期望：研究生，β_{16}	0.877**	-0.246	0.529*
择园因素：上下学交通，β_{17}	-0.411*	-0.162	-0.300
择园因素：费用，β_{18}	-0.733**	-0.006	-0.497*
择园因素：课程与教学，β_{19}	-0.366	0.194	-0.249
择园因素：硬件设施与学习环境，β_{20}	0.135	0.102	0.134
择园因素：幼儿园声誉与管理，β_{21}	1.169***	0.556**	0.510*
择园因素：教师素质与师生比，β_{22}	0.342	0.278	0.118
择园因素：家园沟通，β_{23}	0.593*	0.284	0.268
择园因素：幼儿喜好及同伴效应，β_{24}	-1.478***	-0.340	-0.878***

在同一个体模型中，农村户籍儿童进入公办省优幼儿园（$\beta_{01} = -0.661^*$）或公办普通幼儿园（$\beta_{01} = -0.804^{**}$）的机会要显著低于城镇户籍儿童。

不同年级、不同性别和不同民族儿童的家长对于幼儿园类型的选择没有显著差异。

对于不同受教育水平的家长而言，相对于中专/高中教育程度的家长，具有大学及以上学历的家长更倾向于将子女送入公办省优幼儿园（$\beta_{06} = 1.860^{***}$）、公办普通幼儿园（$\beta_{06} = 1.592^{***}$）或民办高端幼儿园（$\beta_{06} = 0.542^*$）；而初中及以下学历家长则较少有机会将子女送入公办省优幼儿园（$\beta_{07} = -0.944^{***}$）或公办普通幼儿园（$\beta_{07} = -0.508^*$）。

对于不同职业的家长而言，相对于产业工人/商业服务人员家长，行政/企业管理人员（$\beta_{08} = 0.485^*$）和私营企业主子女（$\beta_{09} = 0.804^{**}$）有更多的机会进入公办省优幼儿园就读（$\beta_{08} = 0.485^*$）；专业技术人员子女也有更多的机会进入公办普通幼儿园就读（$\beta_{10} = 0.693^*$）；农民/工人/农民工子女进入公办省优幼儿园（$\beta_{12} = -1.403^{***}$）或民办高端幼儿园（$\beta_{12} = -0.743^{**}$）的机会显著较小。

对于不同收入水平的家庭而言，相对于中低收入家庭的儿童，来自高收入家庭的子女教育选择更多元，他们有更多的机会进入公办省优幼儿园（$\beta_{13} = 0.857^{**}$）、公办普通幼儿园（$\beta_{13} = 0.659^*$）及民办高端幼儿园（$\beta_{13} = 0.902^{**}$）；来自低收入家庭的儿童入读公办省优幼儿园的概率要显著低（$\beta_{15} = -0.881^*$）。

相对于对子女教育期望为大学及以下的家长，教育期望为研究生的家长更倾向于将子女送入公办省优幼儿园（$\beta_{16} = 0.877^{**}$）或者民办高端幼儿园（$\beta_{16} = 0.529^*$）。

对于家长在为子女选择幼儿园时具体的考虑因素，本研究发现相对于民办普通幼儿园家长，选择公办省优幼儿园的家长不怎么注重上下学交通的便利性（$\beta_{17} = -0.411^*$）、费用的合理性（$\beta_{18} = $

-0.733^{**}）及幼儿喜好（$\beta_{24} = -1.478^{***}$），而更加重视幼儿园的办学声誉（$\beta_{21} = 1.169^{***}$）及家校沟通；公办普通幼儿园家长在择园时也比较重视幼儿园办园声誉（$\beta_{21} = 0.556^{**}$）；民办高端幼儿园家长不怎么重视费用合理性（$\beta_{18} = -0.497^{*}$）及幼儿喜好（$\beta_{24} = -0.878^{***}$），而比较重视幼儿园的办园声誉（$\beta_{21} = 0.510^{*}$）。

（五）讨论及结论

本研究的结果证明了不同社会层级的家庭教育选择的差异性。家长户籍类型、家长职业、家庭收入水平等因素都属于家庭社会经济背景因素。其中，家庭社会经济地位越高，对于儿童进入公办幼儿园的影响就越显著，并且农民/工人/农民工家长的子女进入公办幼儿园的概率显著较低。国内外的其他研究也发现家庭经济状况同儿童的入园类型有关。Davis 和 Connely（2005）利用多元 logit 回归模型检验发现，相对于进入非正规幼教机构，家庭收入好的家庭子女更有可能进入公办幼儿园。南京市幼儿家庭的调查研究发现，家庭收入高且来自机关或事业单位家庭的孩子，更有可能进入公办幼儿园（孙东 2013）。刘国艳等人（2016）对深圳市 3 456 名幼儿学前教育机会的研究发现，家庭收入与子女入园等级高度相关，高收入家庭幼儿进入省级幼儿园的概率是中低等级家庭幼儿的 1.82 倍。杜凤莲等（2010）的实证研究表明，与私立幼儿园相比，公立幼儿园更倾向于接受教育程度较高的家庭的孩子。王鹏程等（2018）利用中国家庭追踪调查数据库（CFPS），采用多元回归模型估计了家庭收入对儿童学前教育机会获得与园所选择的影响。研究发现，作为购买学前教育服务的重要因素，家庭收入每增加100%，儿童入园机会就将提高2.6个百分点。将幼儿园按照办园性质进行分类后发现，家庭收入对儿童进入公办幼儿园的影响更大；儿童年龄、户口和家庭人数对其入园机会有显著影响，且不同地区之间的儿童入园率存在显著差异。

法国学者布尔迪厄提出文化资本是社会各阶级和个体所拥有的知识、技术、气质及文化背景的总和，是一种对文化资源的占有。本文以父母的受教育程度作为衡量家庭文化资本的指标，数据显示，受教育水平高的父母，其子女进入公办幼儿园和民办高端幼儿园的概率显著高。家长的受教育水平会影响家庭环境，家庭环境非常重要，对于儿童的认知发展而言，父母的所作所为，即在家中和孩子一起做事比父母是谁等人口特征更重要（西尔瓦，2011）。这本身是文化资本强的父母带给幼儿的积极影响，也是客观存在无法干预的。但是学校作为学生学习的主要场所，其资源和环境对学生的发展有非常重要的影响（张启睿 等，2012；周皓 等，2008），若是能通过公平的入园机会进行干预，是能控制好这种先天差距的。但是现实情况是文化资本较高的父母，也会更重视子女的教育，一些弱势群体的家庭，家长本身的受教育程度低，加上没有更好的经济水平为儿童选择优质幼儿园，学校通过教育的分层使等级化传递下去，增强了文化资本在代际的传递，长期发展下去将会加剧社会的不公平程度。

四、不同办园体制幼儿园家长满意度的差异分析

摘要 公共产品理论主要依据资源配置效率的最大化来划分政府和市场在提供学前教育产品中的角色。在我国学前教育还未普及、民办幼儿园仍占幼儿园主体的背景下，本研究对某市城区不同办园体制幼儿园家长的教育满意度进行研究。结果表明，民办幼儿园提供了六成以上的入园机会，接受大量弱势群体家庭子女入园接受学前教育，并且家长对幼儿园和儿童发展的满意度也较高。民办幼儿园办学的正面效果主要得益于城区学前教育供给充足，市场的竞争机制和价格机制得以发挥作用。地方政府在学前教育经费有限的情况下建设公办省级示范幼儿园，不但招收了大量的优势家庭子女入园，而且家长对幼儿园和儿童发展的满意度也不高。学前教育公共财政应该使全体儿童受益，而非主要投向公办幼儿园，政府在学前教育产品提供方面的主要作用应该是保基本、广覆盖。

关键词 学前教育 办园体制 家长满意度

(一) 问题提出

中华人民共和国成立以来,受到经济社会体制改革的影响,我国学前教育的办园体制变迁呈现出在政府与市场之间徘徊的轨迹(王彦波 等,2017)。随着政府对学前教育的管理职能发生转变,计划体制下政府与学前教育机构之间的单一直线关系逐步演变为政府、学前教育机构和市场三者之间的三角互动关系。合理安排政府和市场在学前教育服务提供中的角色定位,必须理顺政府与市场的关系,合理规范政府与市场的边界,明确政府、市场、家庭在学前教育领域的各自职责和相互关系,以最大限度地实现学前教育资源合理配置,推动我国学前教育事业的健康持续发展。

公私合作是指公共部门和私营部门或私人基于一定目的并通过正式或非正式合约规定双方的权利和义务,以共同参与生产和提供公共产品、扩大公共利益的行动和过程。公私合作能在一定程度上缓解学前教育发展中突出的供需矛盾,并对学前教育体制机制改革和发展模式创新、政府转型与职能改革具有积极意义。公共服务领域相关的政府、市场或社会组织各方的合作关系建立在共识的基础上,各方参与者根据自身的相对优势进行分工,并借由共享的目标达到一种互补"伙伴关系",这种形式的公私合作会产生"1 + 1 > 2"的效果(Ostrom,1996;Brinkerhoff,2002)。当今国际学前教育发展战略主要呈现"普及、公平和高质量"的特点与趋势(庞丽娟 等,2013)。在深刻了解公私合作价值的前提下,双方可以达成长期合作的意愿。公私合作伙伴关系存在的首要目标在于扩大学前教育的供给数量,减少机会获得的不平等,并向公众提供质量更高的学前教育服务,远期目标则在于实现政府职能的转变及学前教育事业的持续、健康、快速发展(彭涛,2006)。

学前教育会被定义为准公共产品或公共服务,两者之间的共同点在于强调政府对学校教育供给负有责任。公共产品理论以西方经济学中的稀缺性和效率作为前提,基本假设是市场无法充足供给公共产品及供给效率不高，政府作为市场供给的补充而负有供给准公共产品的责任，其本质还是建立在"成本—收益"之上。如何达到资源配置效率的最大化是考虑由市场还是由政府提供作为准公共产品的学前教育。本研究主要通过家长满意度的途径来考察民办幼儿园和公办幼儿园如何在共享学前教育"普及、公平和高质量"的发展目标的基础上，建立职能互补、有效合作的合作关系。

（二）文献综述

1. 政府和市场在学前教育普及中的作用

2009年全国学前三年毛入园率仅为50.9%，学前一年毛入园率也只有74%。《国家中长期教育改革和发展规划纲要（2010—2020年）》（以下简称《纲要》）中明确提出，要"基本普及学前教育"。2018年11月，中共中央、国务院首次印发《关于学前教育深化改革规范发展的若干意见》，明确提出到2020年全国幼儿园的毛入园率要达到85%。尽管2016年全国学前三年毛入园率达到77.4%，比2012年提高了12.9%，但距离到2020年完成85%的目标，还有不小差距。

根据教育部的全国教育事业发展统计公报，2007—2011年，民办幼儿园占比从60%上升到69%，随后开始缓慢回落到2015年的65.4%。其主要原因在于随着《纲要》的颁布和第一期（2011—2013年）学前教育三年行动计划的实施，公办幼儿园数量增加幅度增大所致。但是学前教育总体上还是民办幼儿园占据主要地位（金锦萍，2018）。

不同类型、不同特色的民办幼儿园满足了家长多元化、多层次、个性化的需求。从地理位置来看，民办幼儿园一般建在公立幼儿园相对较少的地方，例如新建小区等，见缝插针地安家落户，与公立幼儿园呈穿插镶嵌的格局。从数据来看，2011年民办幼儿园虽然占比69%，但是民办幼儿园在园学生数只占49.5%，表明民办幼儿园虽然规模较小，但在一定程度上为幼儿就近入园提供了便利条件。

童年逝去后就不会再来，儿童也不会有第二次接受学前教育的机会，因此，学前教育的普及应是政策重点。在学前教育财政资金比较紧缺的情况下，如何提高资金的使用效率是当务之急。效率是经济学家长久以来备受关注的主题，帕累托效率是被广泛应用的判断效率的标准。新制度经济学从制度变迁的角度提出了制度效率的概念，效率的外延从经济领域拓展到了社会领域。制度效率是指当制度所提供的服务为既定时，选择费用较低的制度是更有效率的。合理的制度能够促进资源配置效率的提升。虽然政府的职能之一是提供公共产品，但是公共产品并非只能由公共服务来提供，只要对付费者不进行排斥，私人部门也能有效率地提供公共物品。西方国家改革的实践证明，在准公共物品的提供上，私人部门的效率通常要明显高于公共部门（曾娅琴，2014）。

萨缪尔森提出了公共产品理论，但是他本人把学前教育当作公共提供的私人产品，而非公共产品。斯蒂格利茨（Stiglitz，2005）同样认为，教育不应视作纯公共物品，增加一个学生的教育边际成本大于零，而且为教育服务向私人收费并不存在技术上的困难。据此，显然市场可以提供学前教育产品。此外，还有研究认为政府直接提供学前保育服务缺乏效率，通过机构提供学前教育与服务的成本也就相对较高。Hasan（2007）认为，私人部门在合适措施的激励下，供给学前教育具有更好的效率。OECD国家广泛采用税式儿童补助、教育券、补贴托幼机构等方式鼓励营利或非营利组织参与儿童保育和教育服务的供给。从公共产品理论的这一分析思路来看，其本质还是建立在"成本—收益"之上，到底由政府提供还是由市场提供，主要考虑的是资源配置的效率最大化，重视目的与手段的合理性。

将公共产品分为提供与生产两个环节，在供给制度设计上可以有很大的创新空间（卢映川 等，2007）。按照Ostrom（1996）的观点，服务的提供与生产之间存在明显的差异，这是界定政府和市场角色的出发点。Savas（2002）认为，政府可以作出用公共开支来提供某种服务的决定，但并不意味着必须依靠政府雇员和设施来提供服务。在公共产品的提供与生产中，可以根据消费者的需求水平、提供者与生产者之间的动态关系,创新多种制度安排模式,如政府直接服务、政府间协议、合同承包、特许经营、政府补助、凭单制、志愿服务、自我服务等。

由于政府供给能力的限制及政府失灵等因素的存在,学前教育产品应接受由政府、市场和社会等多元主体共同供给。受财政及教师编制等因素的限制,公办幼儿园难以在短时间内大规模扩张。因此,政府在学前教育发展过程中起主导作用并不意味着学前教育必须由政府主要负责供给数量,而是在公共责任及公共行政伦理的角度强调政府的主导地位。一些地方政府采用购买服务等学前教育创新供给方式,但是这种购买学前教育学位的方式只能转移公共责任的实现方式,而不是责任本身(陈国权 等,2009)。

2. 政府和市场在确保学前教育公平普惠中的作用

政府虽然可以选择不直接举办幼儿园,但政府必须监管市场以保障所有的学前教育都能够建立在公共利益之上。完全依靠市场化、民营化机制供给学前教育公共服务,市场的逐利性将导致学前教育资源更多流向那些占有社会政治、经济、文化、教育资源丰富的强势群体,弱势群体学前教育的需求与供给总是不足,学前教育基本公共服务均等化目标无法实现。

以前我国学前教育财政经费投入不仅总量过低,而且投入不公平,配置效率低下。政府没有把学前教育有限的费用来实施普惠,让政府对学前教育的投入实实在在地惠及每个家庭和幼儿,减轻家长的负担,也没有"济困"优先,对低收入家庭幼儿接受学前教育提供特殊的帮助,而是实行"锦上添花",把有限的公共财政资源用在少数城市公办幼儿园的高标准、豪华型发展上,将其作为政绩工程。能进入公办幼儿园的幼儿往往又来自那些社会处境优越的家庭,低价享受着社会优质资源;而农村幼儿园、街道幼儿园、民办幼儿园等却长期得不到政府公共财政的关照,仅靠收费维持,社会底层家庭因无力承担昂贵的教育费用,不得不放弃让孩子接受学前教育,或无奈地将孩子送入低价低质的"黑园"(原晋霞,2013)。

学前教育的公共财政支出模式涉及全体适龄儿童及其家庭的切身利益,体现党的方针政策,反映政府的政策意图(刘焱,2009)。公共资金的功能是"保底",一定要坚持普惠性原则。公共财政投入建设的只能是普惠性幼儿园(冯晓霞,2010)。政府要发挥公办幼儿园在提供普惠性服务方面的主体作用。实践证明,学前教育布局结构中,新改扩建一批公办幼儿园,保持政府举办的幼儿园相当比例,提供保基本的公共服务,发挥公办幼儿园对其他各类幼儿园的公益导向作用,尤其是抑制民办幼儿园盲目扩张和过度逐利行为,是保证学前教育普惠性的压舱石(佘宇 等,2019)。

政府首先要对幼儿园的建设进行合理布局和科学规划,优先建设一批面向群众,特别是为中低收入家庭子女提供学前教育服务的普惠性幼儿园。普惠性幼儿园首先应是农村乡镇中心幼儿园及其辐射的村幼儿园或班,以满足广大农村,特别是中西部边远和贫困地区、少数民族地区儿童接受学前教育的需求。普惠性幼儿园还应是城镇地区的平价幼儿园,包括运用公共财政举办的普惠性教育部门办幼儿园、企事业单位幼儿园、工厂子弟幼儿园、街道幼儿园和新建商品住宅区的配套幼儿园,主要满足城镇低收入家庭及外来务工家庭子女的学前教育需求(冯晓霞,2010)。

社会力量承办的幼儿园,扩大了学前教育资源总量,在政府的引导下也能提供普惠性服务。普惠性民办幼儿园对促进我国学前教育公平、保障更多适龄幼儿接受优质的学前教育,以及实现基本普及学前教育的战略目标具有重要的现实意义。学界比较公认的普惠性民办幼儿园的概念是"受政府资助或委托提供学前教育服务,不以营利为目的,面向大众、办园规范、收费合理、有质量保证的民办幼儿园"。

我国 2010 年颁布的《国务院关于当前发展学前教育的若干意见》中明确提出,要积极扶持普惠性民办幼儿园发展。教育部 2012 年 6 月下发的《关于鼓励和引导民间资金进入教育领域促进民办教育健康发展的实施意见(教发〔2012〕10 号)》中明确提出"鼓励和引导民间资金进入学前教育和学历教育领域。积极扶持民办幼儿园,特别是面向大众、收费较低的普惠性幼儿园""可以适当放宽幼儿园审批条件"。2017年，公办幼儿园占比为44.1%，普惠性民办幼儿园占比为26.5%，二者合计为70.6%（佘宇 等，2019）。《中共中央国务院关于学前教育深化改革规范发展的若干意见（2018）》明确了到2020年，学前三年毛入园率要达到85%，普惠性幼儿园覆盖率要达到80%，原则上，公办幼儿园在全国的占比要达到50%，基本建成广覆盖、保基本、有质量的学前教育公共服务体系。

3. 政府和市场在学前教育质量保障中的作用

学前教育质量的高低关系到幼儿的终身发展及家庭的长期利益。一般认为，学前教育质量指的是学前教育机构教育活动是否满足幼儿身心健康发展的需要及其满足幼儿身心健康发展需要的程度。高质量的学前教育能够促进儿童的全面发展，帮助他们在后续教育阶段取得更好的学业成绩，在成人后获取更高的经济收入，并对社会发展贡献力量。反之，低质量的学前教育不但不能带来上述好处，还会对儿童未来的发展产生负面影响（OECD，2012）。

《纲要》在"基本普及学前教育"的规划目标中首先提出"学前教育对幼儿习惯养成、智力开发和身心健康具有重要意义。遵循幼儿身心发展规律，坚持科学的保教方法，保障幼儿快乐健康成长"，然后才提出到2020年的普及率。这意味着到2020年要基本普及科学的学前教育、有质量的学前教育，即科学的、有质量的学前教育是提高入园率的重要前提。《国务院关于当前发展学前教育的若干意见》也提出，要保障适龄儿童接受基本的、有质量的学前教育。

随着普及学前教育政策目标的提出，我国许多地方的教育管理部门都在积极拓宽学前教育投资渠道，希望通过引入多方资源来增大学前教育供给数量，满足家长对学前保育和教育的需求。在学前教育入园率大幅提升的同时，也存在着"数量发展重于质量提升"的现象（庞丽娟 等，2012）。公众逐渐意识到主体多元化的办园机制必须建立在学前教育机构的质量保持在一定标准的基础之上，才能形成学前教育事业数量和质量同步发展的良性局面。如何处理好规模扩大和质量提升之间的关系已成为中国学前教育发展的一个重要课题。"办好学前教育"的政策目标要求能给适龄学前儿童提供"好园"。

自由经济新右派强调，在学校教育中引入市场机制，通过"看不见的手"自然调动各方竞争与合作，教育质量将更能得到保障，且扫除了阻碍教育发展的其他因素（Whitty, 1998）。20世纪90年代以前，民间资本是美国学前教育的投资主体，各级政府对学前教育的财政投入很有限。政府主要通过对幼教机构进行准入性的资格审批来对其进行质量控制，只要其在场地和人员构成上达到了基本标准即可运营。当时政府还缺乏对学前教育机构所提供服务质量的监测制度。在学前教育质量保障中政府缺位的背景之下，教育质量的保障主要是在家长同学前教育机构之间的沟通和博弈过程中进行的，学前教育机构在满足家长需求、赢得市场竞争的压力下进行质量改进。但是由于家长需求的多样性，市场机制无法对什么是优质学前教育给出科学而专业的答案，无法出台和推行被广泛接受的质量标准，这就导致学前教育机构的质量参差不齐。另外，在美国重视个性独立、自由选择等传统学前教育理念的影响下，学前教育机构对教育过程格外关注，但对教育结果的重视程度不够，没有从儿童发展的预期成果出发提前确定好教学目标和计划，这种教育的片面化导致了儿童没有为升入小学做好学业上的衔接准备。从20世纪90年代开始，学前机构的教育结果得到了美国公众和政府的密切关注。例如1989年布什政府与各州政府联合举行的教育峰会上提出的"2000年美国教育目标"中，第一条就是让"每个儿童以良好的准备状态进入学校学习"。这充分显示出国家力量对当时学前教育质量现状的关切（刘昊 等，2010）。

美国政府实施学前教育质量保障并不是对市场进行直接管控，而是通过多种政策手段对其进行积极培育和引导，充分发挥市场的积极作用，其主要措施包括保障各方公平且充分竞争的市场环境。多种质量保障措施，比如分级评估、财政支持、专业指导等都进入公立和私立学前教育机构，都最大程度一视同仁，并不因为机构投资主体的不同而有差别对待。对于低质量的学前教育机构，各州政府都会提供必要的专业支持，努力帮助其改进教育质量。政府措施还包括加强宣传与信息发布，提升信息公开程度，帮助家长提高对教育质量的判别能力和敏感度（刘昊 等，2010）。

作为学前教育公共服务质量利益相关者中最为重要的一方，家长理应享有评价学前教育基本公共服务质量的话语权，直接表达政府所提供的服务对其需求的满足情况。但由于学前教育基本公共服务的公众是一个复杂的、异质的群体，家长对子女接受学前教育重要性的认识不同，导致其对学前教育基本公共服务的需求不同：一些家长认为学前教育就是托管儿童，一些家长认为学前教育就是教幼儿拼音、识字、英语、算术，一些家长认为游戏就是玩，游戏不是学习，一些家长则充分认识到了学前教育的重要性，并能正确理解学前儿童学习的特点。家长认识的多样性，使得其对学前教育服务的需求不同（原晋霞，2013）。

服务于家长、满足家长的需要是与家长建立良好关系、实现家园配合的基础，也是市场经济条件下幼儿园生存与发展的前提之一。家长投入比重过大产生的另外一个问题是政府对教育质量监控力的下降。民办幼儿园的机构性质决定了家长满意度对其发展的整体影响，如果家长的满意度低，幼儿园的生源紧缺，就将直接影响幼儿园的生存和发展。由于有些幼儿园过度依赖家长的投入，民办幼儿园为在市场竞争中获得更多生源，就会满足家长的各种要求，甚至引导家长的各种观念。但家长主要是根据主观需要及其满足需要的程度对幼儿园教育质量做出价值判断，带有明显的成人化倾向。受到经济利益的驱动，在实践中会出现各种违背学前教育观念的思想和做法，学前教育教学小学化发展的倾向严重（虞永平，2007）。

2012年10月，教育部颁布的《3~6岁儿童学习与发展指南》（以下简称《指南》），全面系统地明确了3~6岁各年龄段幼儿在各学习与发展领域的合理期望和目标，每个评估项目的开头都加注了这个项目是什么、幼儿在这个项目上可能出现的典型表现及发展趋势的说明，对实现这些目标的方法和途径也提出了具体可操作的教育建议。教师通过观察和评价儿童的具体行为，依据《指南》将评价与保教工作有机结合，对不同发展阶段的儿童采取不同的教育内容，并且选择不同的教育方法，从而能够在此基础上促进学前教育的全面发展。

要充分利用社会资源达到普及学前教育的目标，必然会出现办园主体多元的格局。政府需要通过举办公办幼儿园来维持学前教育的运行秩序，确保学前教育事业健康、有序发展。要达到这些目的，政府要充分发挥公办幼儿园在调节和主导学前教育事业发展方向的重要作用，因此，公办幼儿园要确保自己的公益性质，以服务儿童和家庭、造福社会为宗旨，以促进儿童全面和健康发展为最终教育目标。普惠性质的公办幼儿园对于追求资金回报的民办幼儿园是重要的制约和平衡，有助于引导区域内所有幼儿园共同致力于向社会提供有质量保障的学前教育服务（赵南，2014）。

徐光辉（2011）选取浙江省三地市36所幼儿园及517名大班幼儿作为研究对象。运用《中国幼儿园教育环境质量评价量表（第二版）》和《儿童入学准备评价——语言学习》对幼儿园的教育环境质量和幼儿的语言发展水平进行了测查。受社会经济文化、教育经费投入及师资队伍素质等因素约束的幼儿园，其教育环境质量和幼儿语言发展水平在城乡幼儿园之间及不同办园性质幼儿园之间存在显著差异，且差异具有一致性。具体表现为，城市幼儿园的教育环境质量和幼儿语言发展水平显著高于农村幼儿园，公办幼儿园的教育环境质量和幼儿语言发展水平显著高于民办幼儿园。

（三）研究方法

在现实生活中，研究者只能观测到儿童进入一种幼儿园的结果，没有办法观测其在其他类型幼儿园就读的结果。这种数据缺失的问题被称为"因果推论的基本问题"（Holland，1986）。为了估计出不同类型幼儿园对儿童发展的影响，需要另找一个非实际状态作为第 i 个人在第 t 类幼儿园的非实际状态的替代。在本研究中，儿童进入哪类幼儿园显然不是随机分配的，要使儿童进入何种类型的幼儿园与儿童发

展相互独立，目前常用的方法就是匹配法。该方法假定，不同类型幼儿园的儿童之间存在很多差异，但是进入哪种幼儿园可以被一组观察到的控制变量 X 完全解释。也就是说，在控制了向量 X 之后，所有的个体看起来都是相似的，处置不会影响潜在的儿童发展结果，潜在发展结果也不会影响分组选择，即 $(Y1, Y0) \perp S|X$，这就是"强忽略假设"（assumption of strong ignorability）。

在具体实施匹配的过程中，如果直接依据选择变量 X 匹配，当 X 维度比较高时，这种匹配策略会出现"维度诅咒"问题。Rosenbaum 和 Rubin（1983）证明，可以将对高维向量 X 的匹配转化为对一维变量 $P(Z=1|X) = P(z)$ 的匹配。$P(z)$ 也称为倾向性评分。倾向性评分匹配（propensity score matching）的主要思路是将混杂因素作为协变量，在给定一组协变量的条件下估计每个样本成为处理组的条件概率，将其记为倾向分数；如果处理组样本和控制组样本估计得到的倾向分数分布范围一致，即可推断这两个样本在协变量的分布上也保持一致。倾向性评分匹配可同时调整多个协变量，最大限度概括特征变量，保持干预组和控制组的均衡。

使用倾向性评分匹配对观察数据进行因果推断，需要分步估计选择方程和结果方程。以往研究者实施倾向性评分匹配研究中的干预措施一般都是二分的（binary），研究者可以使用 Logit 或 Probit 模型对个体接受还是不接受干预进行预测。但本研究中，儿童进入何种类型的幼儿园被视作干预处理（treatment），由于本研究的幼儿园类型分为公办省优幼儿园、公办普通幼儿园、民办高端幼儿园和民办普惠幼儿园四类，因而干预处理就变成了多值的（multi-valued），因此，选择方程就应采用多项 Logit 模型（Multinomial Logit Model）。

我们首先使用多项 Logit 模型来对儿童进入何种幼儿园进行预测，以考察不同类型幼儿园幼儿群体间的系统性差异。模型的简化形式为：

$$P_{ij} = \text{Prob}(y_i = K-\text{type}_j) = \frac{e^{\beta'_j x_i}}{\sum_{k=1}^{J} e^{\beta'_k x_i}}$$

其中，$i = 1, \cdots, N$，$j = 1, \cdots, J$。N 为样本规模，J 为四种幼儿

园类型。X 为预测幼儿进入哪种幼儿园的影响因素向量。在估计这个模型之前，需要选取一种类型幼儿园作为参照组，本研究将进入公办普通幼儿园的幼儿作为参照组。

（四）结果

不同类型幼儿园的入园统计分布见表2-19。结果表明，入读公办省优幼儿园的比例为11.3%，入读公办普通幼儿园的比例为26.5%，公办幼儿园的入读比例合计为37.8%。入读民办高端幼儿园的比例为21.8%，入读民办普通幼儿园的比例为40.4%，民办幼儿园的入读比例合计为62.2%。

表2-19 不同类型幼儿园的入园统计分布

类型	占比/%
公办省优幼儿园	11.3
公办普通幼儿园	26.5
民办高端幼儿园	21.8
民办普通幼儿园	40.4

不同办园体制幼儿园家庭育儿费用的占比可参考表2-15，家庭育儿费用的占比没有随办园体制的差异而有所不同。不同办园体制幼儿园的入园影响因素可参考表2-18。优势家庭在将子女送入公办省优幼儿园或普通幼儿园中占据优势，并且能够负担民办高端幼儿园的费用，占幼儿园多数的民办普通幼儿园则担负起了给弱势家庭子女提供学前教育服务的作用。地方政府将有限的教育经费投入到公办幼儿园和省优幼儿园不能起到保基本和广覆盖的作用，没有保障不同阶层家庭的儿童能公平地获取高质量的学前教育。

对于选择方程估算出的概率，一般可以选择匹配法、加权法或回归法对不同类型幼儿园儿童样本间的差异进行调整。本研究采用加权法，取样本在其毕业年份概率的倒数，使用逆概率加权（inverse probability weighting）对样本进行权重调整（Guo, 2009）。在"强忽略假设"成立的前提下，我们可以认为经过权重调整后，样本中不同类型幼儿园的儿童都是同质的，他们之间发展结果的差别都来源于幼儿园类型的差别，从而可以对不同类型幼儿园对儿童发展的影响进行比较。

经过逆概率加权调整后不同类型幼儿园家长对学前教育质量的评价差异如表2-20所示。以民办普惠幼儿园作为参照组，民办高端幼儿园家长的满意度最高（$\beta_3 = 0.612^{***}$），公办省优幼儿园的家长满意度次之（$\beta_1 = 0.322^{***}$）。

表2-20 逆概率加权后不同类型幼儿园家长满意度差异的回归分析

幼儿园类型	未调整		ps 调整后	
	系数	显著性	系数	显著性
公办省优幼儿园，β_1	0.394	0.000	0.322	0.000
公办普通幼儿园，β_2	-0.019	0.746	0.057	0.183
民办高端幼儿园，β_3	0.466	0.000	0.612	0.000
截距，β_0	4.137	0.000	4.04	0.000

经过逆概率加权调整后不同类型幼儿园家长对儿童发展的评价差异如表2-21所示。基本上，民办高端幼儿园儿童发展评价最高，民办普惠幼儿园次之，公办普通幼儿园再次之，而公办省优幼儿园最差。

表2-21 逆概率加权后不同类型幼儿园儿童发展满意度差异的回归分析

幼儿园类型	健康	言语	社交	科学	艺术	学习
公办省优幼儿园，β_1	-0.333^{***}	-0.389^{***}	-0.340^{***}	-0.414^{***}	-0.228^{***}	0.073
公办普通幼儿园，β_2	-0.089	-0.111^{*}	-0.222^{***}	-0.265^{***}	0.064	-0.198^{***}
民办高端幼儿园，β_3	0.023	0.064	0.049	0.179^{***}	0.448^{***}	0.494^{***}
截距，β_0	0.114^{***}	0.143^{***}	0.129^{***}	0.042	-0.053	-0.088^{*}

（五）讨论和结论

1. 民办幼儿园在提供学前教育产品中的作用

我国的学前教育改革是在经济体制改革的背景下开展的。经济体制的转型带动社会体系也发生相应的调整，学前教育体制改革必然要同时使用政府和市场两种手段对学前教育资源进行配置，也需要由公共服务和私人服务两方来提供学前教育。换言之，市场经济体制的指导思想和基本原则，应该成为学前教育体制改革的出发点（曾晓东，2005）。

本研究发现在学前教育社会化改革导致的公办幼儿园大量退出市场的情况下，当地民办幼儿园在市场经济的背景下兴起和发展，在很大程度上缓解了当地儿童入园的压力，其对学前教育普及的贡献是不容否认的。

此外，普通民办幼儿园大量接受弱势阶层家庭的子女，而优势阶层的子女则进入公办园和高端民办幼儿园。就儿童生活教育花费占家庭总收入的占比而言，不同办园类型家庭的占比都在30%上下，这说明民办幼儿园有明显的高、中、低档次之分，可以满足不同经济状况家庭的需求。各国实行教育成本分担与补偿的最主要的理论依据有两条，一是利益获得原则，二是能力支付原则。所谓利益获得原则，即谁受益谁付费，成本分担多少应与收益多少相配合。所谓能力支付原则，是指所有从教育中获得好处和利益的人（无论是直接的还是间接的）都应按其支付能力大小支付教育成本，能力越大，支付越多，能力越小，支付越少。因为依据边际效用递减的规律，能力大的人，其超额财富的效用较低，这样，富有者多支付教育成本就是公平的（范先佐 等，1998）。因此，普通民办幼儿园在公办幼儿园不占主体地位的情况下，一定程度上发挥了公平普惠的作用。

再者，高端民办幼儿园的家长满意度及儿童发展评价最高，民办普通幼儿园的次之。英国 EPPE 项目的研究者发现高质量的学前教育存在于所有类型的学前教育机构中，有效教育质量与机构类型无关。根据国情和现实需要发展多样化的学前教育机构是可行的，政府不需要去限制机构的模式（秦金亮，2017）。民办幼儿园在市场竞争中能为家长提供多样化的服务，对民办幼儿园，恰当的定位是提供多样化的服务，增加家长教育选择的机会，满足高端人群的需求。

2. 市场机制提供符合社会利益学前教育产品的条件

以往学前教育领域的入园难、入园贵等问题常常被归结于市场的负面因素。但是本研究发现民办幼儿园在学前教育普及、普惠及质量方面都表现出积极作用，这恰恰是市场机制发挥了作用。市场遵循的是优胜劣汰、适者生存的原则，谁能获得更丰富、更多元的竞争资本，谁就能赢得顾客、占领市场。学前教育市场化供给是基于各市场主体提供公共服务的质量、服务成本、特色和多样化服务的。将市场调控机制带进学前教育领域，不同层级和所有制的幼儿园通过相互竞争和家长选择，自然可以淘汰部分服务和价格不相符、不重视儿童与父母权益的幼儿园（王海英，2013）。

市场机制在学前教育领域发生积极作用是需要一定前提条件的，最主要的就是学前教育资源的充分供给。由于童年很宝贵，学前教育的消费需求具有很强的刚性。随着中国家长日益重视学前教育，在存在严重供需矛盾的情况下，学前教育服务一直是卖方市场占据优势，价格变动对需求的调节不灵敏，竞争机制无法发挥作用，服务提供商就会"以次充好"来获得超额利润，导致市场无法淘汰一些质次价高的幼儿园，甚至"黑园"也长期存在。

学前教育服务的提供者和消费者是市场的两大主体力量，一般指各类学前教育机构和儿童家长。学前教育机构同家长的利益具有矛盾之处，市场作用的发挥遵循资本逐利性，追求收益的最大化，期望通过控制教育成本获得更高的经济收益，家长则希望在价格一定的条件下选择能提供最优质服务的学前教育机构（刘昊，2013）。由于学前教育机构和家长对教育成本和教育质量的关注侧重点不同，所以市场机制通过博弈和妥协发生作用，换言之，就是消费者可以用脚投票。家长根据学前教育机构的价格和服务质量进行选择，提供优质服务且价格实惠的幼儿园能够吸引更多的家长将子女送来入园，反之，学前教育机构可能会被市场淘汰。学前教育机构可以在自身条件许可的范围内尽力满足家长对教育质量的需求（刘昊，2013）。

该市虽然公办学前教育发展缓慢，但是民办学前教育比较发达，能够满足不同层次和不同类型家长的需求。首先，学前教育的充足供给使得供需关系趋于平衡，民办幼儿园要争取更多生源，就需要对资本的逐利性进行抑制，为家长提供价格合理的学前教育服务。其次，该市地处东南沿海地区，经济比较发达，本研究主要关注的是县市地区，不包括乡镇地区，因此，样本中弱势家庭不多，家长都具有一定的支付能力，即使不能进入公办幼儿园，家长也基本负担得起民办幼儿园的保育费用。再次，学前教育还是一项专业服务，服务项目中隐含大量专业知识，幼儿园和幼儿家长之间存在严重的信息不对称现象。虽然学前教育领域存在一定的合约失灵，但是学前教育的质量主要在于儿童身体和心理发展需要被满足的程度，家长可以通过评估儿童的发展判断学前教育质量。此外，家长选择民办幼儿园最主要的途径是亲友介绍，幼儿园的口碑在一定程度上能够反映幼儿园的办园条件、师资质量及教学质量。

3. 正确处理民办幼儿园转普惠幼儿园的问题

要增加学前教育服务和产品的供给数量，大力创办普惠性幼儿园是基本途径。普惠性幼儿园是指向社会提供普惠性学前教育公共服务的幼儿园，其基本特征是由政府举办或接受政府委托，获得财政性教育经费支持、接受政府限价与监督管理、机构性质为非营利性的幼儿园，包括公办幼儿园（含公办性质幼儿园）和民办普惠性幼儿园。要满足人民群众对普惠性幼儿园的需求，核心是解决学前教育的供给与需求如何匹配的问题，必须大力发展普惠性幼儿园（刘焱，2019）。但是地方政府在处理民办幼儿园转普惠幼儿园的过程中出现了一定的政策偏差。

《国务院办公厅关于开展城镇小区配套幼儿园治理工作的通知（国办发〔2019〕3号）》规定，"小区配套幼儿园移交当地教育行政部门后，应当由教育行政部门办成公办幼儿园或委托办成普惠性民办幼儿园，不得办成营利性幼儿园。"一些地方政府部门为赶进度做法武断，不顾历史和现实，落实政策一刀切，采取了停止审批营利性幼儿园等方式，举办营利性幼儿园的通道基本被关闭（人民政协报，2019）。

《中共中央国务院关于学前教育深化改革规范发展的若干意见(2018)》(以下简称《意见》)明确了到2020年,普惠性幼儿园覆盖率要达到80%,原则上公办幼儿园在全国占比要达到50%,这意味着民办普惠性幼儿园占比在30%左右。同时《意见》还明确规定了到2020年,学前三年毛入园率要达到85%。地方政府在落实中央政策时应该首先认真学习文件精神,确定好各政策目标的优先顺序。供需不足仍然是我国学前教育发展过程中的突出问题,应当首先解决。社会办幼儿园对学前教育事业发展具有短期和长远的积极效应。公私合作可以减缓政府当前亟待解决的办园压力和财政压力,可以扩大学前教育资源,增加服务供给,推动学前教育普及目标的实现。供需平衡前提下的市场竞争还可以引导民办幼儿园压缩利润空间。

城市当前基本上解决了入园问题,家长关心的是如何选择一个优质的幼儿园。学前教育公共服务体系中政府的职责是提供基本质量的学前教育。政府在严格履行基本公共服务职能的同时,要认识到自身职责的界限。公私合作需要民办园拥有一些独特之处(Brinkerhoff,2002)。民间资本对城市中上阶层需要的个性化学前教育有兴趣。本研究发现民办幼儿园能够比公办幼儿园更好地提供家长满意的服务。政府要做的不是与民间资本争夺市场,而是承认民间机构作为合作伙伴的专业地位,为公私合作双方主动性的发挥提供良好的平台,把注册、指导等服务做好,把信息公布和价格管制工作做好(曾晓东,2005;吕苹 等,2013)。

由于历史和现实的种种原因,政府对学前教育管理存在职能上的缺位,幼儿园中民办幼儿园依然占主体,且民办幼儿园的创办者大多是个人,民间团体创办的幼儿园不多,尤其是非营利组织创办的幼儿园更少。这就导致了我国民办幼儿园普遍存在营利目的,幼儿园的运行也大多依照市场化的方式。学前教育产品具有准公共产品的性质,公益性是其内在属性,其必然要求相应的民间合作者具有公益性目标。

但至少本研究发现民办幼儿园在普及学前教育及提供高质量服务方面都发挥了积极作用。政府直接否定社会资本的营利,要求其举办普惠性幼儿园，不然就禁止其举办幼儿园，违反了市场运行的基本原则。有少量的营利空间本身并不是影响学前教育发展的因素（虞永平，2007）。

民办幼儿园收费比公办幼儿园高，是因为民办幼儿园没有享受与公办幼儿园同等的教育财政资助。比如民办幼儿园不能像公办幼儿园那样享受国家无偿提供的园所，需要支付高额房租；再有民办幼儿园不能像公办幼儿园一样由国家支付教师工资和管理成本，要依靠保教费收入努力满足教师的劳动报酬。

各地对普惠性民办幼儿园主要采取的是限价政策。通过降低民办幼儿园的收费标准促使民办幼儿园普惠发展，关键在于地方政府能不能把对民办幼儿园的政策和经济补贴落实到位。但在推进普惠性民办幼儿园发展上普遍存在政府扶持不力的问题，财政性经费投入非常有限，在资助的额度、内容等方面存在较大的随意性和不稳定性，主要采取以奖代补、实物资助等资助形式，不能真正帮助普惠性民办幼儿园解决运行经费不足的实际困难（刘焱，2019）。

学前教育健康稳定的发展总是与经济的投入成正比的。安全、宽敞和环保的园舍是学前教育质量的物质保障，除此之外，师资队伍素质是决定学前教育质量的关键因素。然而保证学前教育教师队伍素质的关键因素又是教师的工资待遇，幼儿园教师承担着繁重的保育和教育任务，其所获得的报酬应该与所付出的劳动相匹配（虞永平，2007）。民办幼儿园经费不足首先影响的就是教师的素质和稳定性。给普惠幼儿园定价如果不能如实计算房租成本，不能按公办幼儿园标准计算民办教师工资成本，势必造成民办普惠幼儿园质量难以保障，最终伤及儿童和家庭的根本利益。

4. 学前教育公共财政支持民办幼儿园发展

"国十条"中并没有对普惠性民办幼儿园的概念予以明确界定，只是笼统地强调办好公办幼儿园和普惠性民办幼儿园。2017年，教育部等四部门发布《关于实施第三期学前教育行动计划的意见》，要求各省制定普惠性民办幼儿园认定标准。有的地方政府出台了关于普惠性民办幼儿园的认定办法，要求其登记性质为非营利性幼儿园。根据《中华人民共和国民办教育促进法》的适用范围和相关规定，民办幼儿园是指国家机构以外的社会组织或个人，利用非国家财政性经费，面向社会举办的幼儿园。我国学前教育事业一直坚持公办与民办并举的办园体制，但是，对于政府是否要对民办幼儿园提供财政资助的问题，一直争论不休。

民办幼儿园的举办资金多来源于民间资本，具有内在的逐利性。有些政府部门担心教育财政资金流失的问题，反对利用公共资金扶持民办幼儿园。长期以来，民办幼儿园从政府获得的财政拨款很有限，有相当多数量的民办幼儿园从来没有获得政府任何形式的财政扶持。以江苏省为例，2010年教育部门办的幼儿园生均预算内经费达到了1 669元，而民办幼儿园只有21元，后者只占前者的1.3%，差距非常悬殊（柏檀 等，2012）。

普惠性民办幼儿园的发展也存在对拨付普惠性民办幼儿园的经费使用缺乏有效监管，存在部分幼儿园"一手拿补贴、一手拿收费"的现象（中国学前教育研究会，2013）。因此有学者认为（梁慧娟，2014；刘焱，2019），政府提供财政支持的前提须是普惠性民办幼儿园的"非营利性"，幼儿园的创办者不能从办园收入中获取利润，办学所得只能用于幼儿园的发展，非营利制度将有利于解决政府公共财政资金进入普惠性民办幼儿园的合法性问题及资金使用的规范监管问题。

公共财政是指国家或政府为市场提供公共服务的分配活动或经济活动，它是与市场经济相适应的一种财政类型或模式（张启春，2004）。公共财政是满足社会公共需要、弥补市场缺陷的国家财政，具有资源配置、收入分配和稳定发展职能，鲜明的"公共性"是公共财政的基本特征。

学前教育作为准公共产品，其正外部性体现在促进个人发展、实现家庭功能、减少社会犯罪和维护公共秩序等方方面面。学前教育所产生的正外部性是不分学前教育机构是公办的还是民办的。民办幼儿园虽然是由社会组织或个人出资创办，但民办幼儿园的举办人并不能独占所有的办学收益，民办幼儿园提供的保教活动和公办幼儿园提供的保教活动具有相同的社会职能和社会价值。民办学前教育也具备正外部性，因此，民办幼儿园应该成为公共财政资助的对象（刘天娥，2013）。

民办幼儿园应该接受公共财政资助的重要原因还在于在民办幼儿园就读的儿童所应享有的权利。目前仍有半数学龄儿童在民办幼儿园接受学前教育。由于政府只承担公办幼儿园财政经费投入的责任，也只有在公办幼儿园就读的儿童及其家庭才能享受到政府的财政性补贴。政府对于无法进入公办幼儿园的儿童和家庭的责任没有得到体现（刘焱，2009）。本研究中弱势家庭子女还更加容易进入民办幼儿园，而非公办幼儿园。优势家庭子女进入公办幼儿园接受财政补助，这是政府功能的一种错位。虽然幼儿园分为公办和民办两类，但是儿童的受教育权利不应该也分为公办和民办，尤其是儿童有权平等享有公共财政对学前教育的补贴。

很多人长久以来往往把公共教育财政混淆为公办学校财政，把教育财政同学校财政混为一谈，把公办学校得到公共财政经费的职能关系错误地理解为权力关系，又把民办学校学生应该得到公共财政资助的权力关系狭隘地理解为民办学校与公共财政之间的职能关系（吴华等，2012）。对公共财政的错误理解再加上学前教育在教育财政中所占的比例长期偏低，导致很多民办幼儿园没有得到公共财政的扶持。公共财政是基于促进"公共利益"的目的，从法理上说，全体人民都有权利享有公共教育财政的支持，不能将在民办幼儿园就读的儿童和家庭排除在外。公共财政对学前教育经费的投入来自国家税收，这些税收中也有民办幼儿园服务的贡献，因此，公共教育财政应该惠及民办幼儿园就读的儿童和家庭（刘天娥，2013）。

《纲要》中提出要"大力发展公办幼儿园，积极扶持民办幼儿园"，"健全公共财政对民办教育的扶持政策"。政府必须改变不同办园体制幼儿园财政帮扶上的不公平，以合理和相对公平的政策保障公办幼儿园与民办幼儿园之间的公平与协调发展。政府加强民办幼儿园的管理和资助可以降低民办幼儿园的收费，使儿童及其家庭从中获得直接的收益，真正将教育公平落实到所有儿童。因此，政府应突破把公共教育财政等同于公办教育财政的观念束缚，对公办教育垄断公共教育经费的制度设计进行大力改革，将民办幼儿园也纳入公共经费保障的范围，为学前教育领域公私合作伙伴关系的发展创造良好的政策环境（李辉，2014）。

第三章 政府主导的学前教育公共服务体系质量研究

一、学前教育作为公共服务体的定位及政府角色

(一) 国际上学前教育从私人领域进入公共领域

学前教育的目标和定位的演进受到各国制度基础、社会发展水平和文化传统的决定,进而影响到学前教育的发展思路和具体实施方式(佘宇,2013)。在近代社会学前教育机构出现之前,家庭一直是幼儿接受教育的主要场所,并发挥着重要的作用,学前教育并不天然被视为政府应提供的公共服务。

20世纪下半叶,越来越多的母亲走出家庭进入职场,由于子女在家中无人看护,托幼机构接收孩子的数量开始增多。随着经济的发展、家庭结构的变化及对儿童早期教育必要性的认知程度逐渐提高,大众对学前教育的需求也逐渐增大,这种需求促使学前教育从私人领域的家庭事务逐渐演变为公共领域中的公共议题,并从为劳工阶层提供替代照顾性的服务和为中产家庭提供支持抚育性的服务逐渐融合为为社会大众提供兼具福利性与教育性的服务,最终促使公众从社会利益的高度及人类共同体的利益去重新定位学前教育(江夏,2017)。

学前教育兼具"社会福利性"和"教育性"。学前教育为社会提供的"托幼服务"功能对于社会生活而言是必不可少的公共服务。从

各国制定国家整体宏观战略或教育发展规划来看，学前教育大多获得优先发展地位，并在实践层面得到了有效落实。美国和英国等发达国家为了普及教育和改善教育的公平情况，对学前教育的发展格外重视，政府通过各种项目和计划，对学前教育发展事业投入大量资金。这些国家的学前教育通常受教育部门和福利部门的双重管理，学前教育经费也是由两个部门来分担。比如，美国政府在1989年提出了"到2000年所有的美国儿童都要为进入学校学习做好准备"，要让"所有美国儿童都有机会接受高质量的、适合儿童发展的学前教育方案，从而为入学做好准备"。一些州不但把5岁儿童学前班教育纳入义务教育，还进一步将义务教育的范畴拓展到4岁儿童的学前教育（刘焱，2006）。英国政府则制定了国家托幼服务战略，承诺要在20年内彻底根除儿童贫穷现象，以遏制贫穷在代际间的恶性循环（刘焱，2003）。上述两国的措施前者属于教育财政支出的范畴，后者则属于社会公共福利支出的范畴，注重两者在政策措施层面上的统筹是当今全球性的发展趋势（刘焱，2009）。

从经济学的角度来讲，投资学前教育，能够得到较好的经济效益和社会效益，是一项具有长期优厚回报的投资（Heckman，2007；Naudeau，2011；Carneiro，2003）。公共财政投入学前教育领域引发了绩效问责的需要，这些资金投入的效果如何，在多大程度上推进了学前教育的发展，需要通过对教育质量的评价来加以评估。

（二）学前教育和保育对家庭和社会的作用

各国（地区）对"学前教育"的提法存在差异，涉及背后所代表的目标定位、实施方式、机构类型及相关从业人员社会、经济地位等方面的差异。但这些不同提法中仍然关注保育、教育和儿童发展，只不过侧重点或优先顺序有所区别（佘宇，2013）。比如，联合国教科文组织（UNESCO）使用早期保育和教育（Early Childhood Care and Education, ECCE），经济合作与发展组织（OECD）使用早期教育和保育（Early Childhood Education and Care, ECEC），都将保育和教育因素并列；亚太地区学前教育联络委员会（ARNEC）使用早期保育和发展（Early Childhood Care and Development，ECCD），儿童早期保育和发展协商小组（CGECCD）使用早期发展性保育（Early Childhood Care for Development，ECCD），都强调了保育及教育活动所指向的儿童发展；美国学前教育协会（NAEYC）使用早期教育（Early Childhood Education，ECE），联合国儿童基金会（UNICEF）和世界银行（World Bank）使用早期发展（Early Childhood Development，ECD），都更关注教育活动及儿童发展。联合国2030年可持续发展议程将"发展普惠而有质量的学前教育"列为重要目标，提出到2030年，确保所有男童和女童获得优质幼儿发展、看护和学前教育，为他们接受初级教育做好准备。

学前教育的"保育"和"教育"并非是对立的，而是一个整体概念，它们是学前教育的不同方面，同时对幼儿产生影响。《幼儿园教育指导纲要（2001）》指出："幼儿园教育是基础教育的重要组成部分，是我国学校教育和终身教育的奠基阶段""幼儿园必须把保护幼儿的生命和促进幼儿的健康放在首位"，这体现了幼儿园保育工作的重要性。学前教育实行教育和保育并重的方针，在做好学前教育的同时完善幼儿保育、保教是一个有机整体。当前我国学前教育的目标定位应该是保教结合，需要先确保所有幼儿的营养和安全，再逐步朝向"科学保教"的方向发展。

学前教育的保育功能主要关注儿童的健康成长，既包括身体发育，又涉及心理发展，还涉及社会方面。儿童能获得家庭之外的照顾和保护是非常重要的，学前教育服务首先要满足幼儿基本的生活和安全需要。对于家庭而言，学前教育提供的托管和照料服务（child care）使妇女参与工作成为可能，具有鼓励和扩大就业、减少失业和贫困人口的功能。学前教育还有助于保障家庭生活质量，如果学前保育服务缺失，母亲将面临被迫延长产假或职业发展中断的压力，增大生育带来的机会成本，造成家庭承担更重的养育压力，对儿童的早期身心发展造成不利影响。此外，随着单亲家庭的增多，学前教育在父母暂时缺失的时段内可以使子女获得妥善的照料，补充家庭原有的养育子女的功能（江夏，2011）。学前教育还可以帮助家长掌握专业的育儿知识，帮助他们处理子女成长中遇到的各种问题，支持父母更好地承担自己的责任。西方国家社会福利部门往往会承担相应责任，并将托幼服务纳入儿童、妇女及家庭的福利中（Michelle，2005）。

学前教育的"教育"功能侧重于促进幼儿的整体发展。学前教育提供适宜儿童发展的各类活动，满足儿童认知能力和社会性等全面发展的需要，帮助他们为未来人生奠定坚实的基础，为儿童做好小学入学的准备，提高后续学校教育的效益；早期学前教育还可以帮助处境不利的儿童打破贫困在代际间的传递。学前教育作为基础教育的开端为多数社会群体带来便利与效益，很大程度上保障了受教育者的教育起点公平。学前教育的质量不仅影响到儿童未来的成长，也影响到家庭甚至是未来社会发展的前景。儿童发展水平的高低关系到我国能否建设人力资源强国，学前教育对于我国在21世纪持久地保持健康和快速的社会经济发展也具有重要的战略意义（马兴，2014）。许多国家和社会组织都把学前教育作为影响未来发展的重要事项，看作增强国家竞争力的关键环节。

学前教育对于个体、家庭和社会的重要性意味着其不仅是一项教育事业，还应从儿童福利的教育看待学前教育。儿童福利与亿万家庭的幸福和美满息息相关，儿童能够健康发育和成长已经成为影响家庭幸福和谐及生活质量的关键性要素。联合国1959年公布的《儿童权利宣言》指出，"凡是以促进儿童身心健全发展与正常生活为目的的各种努力、事业及制度等均称之为儿童福利"。儿童福利既是一种涵盖儿童生存和发展的社会政策，也是一种通过家庭、社会、国家提供的社会服务（钟仁耀，2005）。

我国现有的学前教育质量评价主要还是以"发展"为导向的，具体表现为把儿童的身体发育水平、动作能力、认知与社会性发展等直接纳入评价标准之中。我国早在1990年就签署了《儿童权利公约》，公约明确"儿童有权享有足以促进其生理、心理、精神、道德和社会发展的生活水平""各国应最大限度地确保儿童的生存与发展"。随后我国还颁布了《九十年代中国儿童发展规划纲要》，把儿童的健康和发展工作纳入国民经济和社会发展的总体规划之中，明确提出了儿童发展的策略。我们不应把儿童仅仅视为处于发展阶段中的"形成中的人"（becomings），更应视为生活于具体社会文化处境中的"存在着的人"（beings），是权利的主体。

（三）基于价值判断的学前教育公共服务定位

以往学界从经济学视角做出了学前教育基本属性是"准公共产品"属性的判定，关注"非排他性"和"非竞争性"等特征。从公共产品理论的分析思路来看，其本质还是建立在"成本—收益"之上，主要从资源配置效率的最大化来考虑学前教育应该由市场还是政府提供。这是一种以效率为中心的工具理性去向，关注目的和方法的合理性。

公共服务不同于经济学意味浓厚的公共产品概念，其内涵要更加广泛和深刻。公共服务是在社会福利最大化意义上的公共产品，隐含着价值判断。实际上，对某服务的价值判断是优先于该服务成为公共物品的。对于政府来说，公共服务包含着基本的价值导向，它不可能是价值无涉的。政府只有因为公共价值的考量，将某"物品"确定为基本公共服务的内容并为此作出努力之后，该物品才能成为公共服务（吕苹 等，2004）。《国务院关于当前发展学前教育的若干意见[国发（2010）41号]》中明确指出学前教育"是终身学习的开端，是国民教育体系的重要组成部分""关系亿万儿童的健康成长，关系千家万户的切身利益，关系国家和民族的未来"，肯定了学前教育在国计民生中的重要地位。

从目前学前教育发展的国际形势来看，将学前教育纳入公共服务体系已成为各国学前教育发展的主流趋势。公共服务体系主要是指以政府为主导、以提供基本而有保障的公共产品为主要任务、以全体社会成员分享改革发展成果为基本目标的一系列制度设计，政府主导、社会参与与体制创新是其主要表现特征，而追求公共、公平是其实质内涵和价值取向（黄铮，2010）。《国务院关于当前发展学前教育的若干意见［国发（2010）41号］》还明确提出"要努力构建覆盖城乡、布局合理的学前教育公共服务体系，保障适龄儿童接受基本的、有质量的学前教育"。这是国家首次明确提出将学前教育纳入社会公共服务体系。学前教育作为"公共服务"，其属于公共管理学甚至政治学的范畴，关注的是学前教育是否符合公共利益，学前教育活动所产生的公共利益是政策服务的最终目标。

学前教育兼具社会福利性和教育性，中国政府在《纲要》中也提出要"建成覆盖城乡的基本公共教育服务体系，逐步实现基本公共教育服务均等化""基本普及学前教育"。

2012年《国家基本公共服务体系"十二五"规划》首次把"普惠性学前教育"纳入基本公共教育服务范围，把构建学前教育公共服务体系作为发展普惠性学前教育的重点任务。可见，国家发展学前教育的思路已较明确，即通过将学前教育纳入基本公共服务体系，促使各级政府承担起发展学前教育的职责，为公众提供有质量的学前教育基本公共服务（原晋霞，2013）。

十九大报告指出："中国特色社会主义进入新时代，我国社会主要矛盾已经转化为人民日益增长的美好生活需要和不平衡不充分的发展之间的矛盾"，教育发展的目标是"努力让每个孩子都能享有公平而有质量的教育"。此外，十九大报告明确提出要"办好学前教育"，"增进民生福祉是发展的根本目的。必须多谋民生之利、多解民生之忧，在发展中补齐民生短板、促进社会公平正义，在幼有所育、学有所教、劳有所得、病有所医、老有所养、住有所居、弱有所扶上不断取得新进展"。必须取得"新进展"的7项民生要求，"幼有所育"排在首位。由此可见，幼有所育已经成为人民群众高度关注的重要民生事项，能否实现幼有所育，关系到广大人民群众的切身利益，关系到广大人民群众对我国学前教育的满意度。

2018年11月，中共中央、国务院首次印发《关于学前教育深化改革规范发展的若干意见》，明确提出到2020年，全国幼儿园的毛入园率要达到85%，而普惠性幼儿园的覆盖率（公办园和普惠性民办园在园幼儿占比）也要达到80%。随后各省相继出台一系列发展学前教育的相应举措，学前教育资源快速增长，学前教育财政投入持续增加，保教质量逐步提升，"广覆盖、保基本、有质量的学前教育公共服务体系基本建成""建成覆盖城乡、布局合理的学前教育公共服务体系"。

（四）政府在学前教育公共服务体系中的主导作用

近30年来，西方公共服务的提供发生了从民营化到逆向民营化的新转向。西方国家虽然广泛运用包括完全合同外包在内的各种"替代性服务供给机制"，但政府的直接提供依然是占主导地位的公共服务提供方式，民营化的增长颇为有限。例如，美国在经历了20世纪90年代的发展高峰之后，民营化总体上呈下降态势，逆向民营化发展趋势明显增长（胡伟 等，2009）。除美国外，西方其他国家公共服务供给的民营化增长也相对缓慢，公共服务供给呈现出从强调"新管理主义"向注重"公民价值"和"政府作用"转变的趋势（陈振明 等，2011）。世界逆民营化趋势研究对我国学前教育公共服务供给机制改革具有重要的启发意义。

教育和其他商品或服务一样，其产品属性依赖于被提供的方式（吕苹 等，2004）。准公共产品和公共服务反映出学前教育的不同特征，基于两种定位的学前教育供给方式也有很大不同，具体体现在政府与其他供给主体的关系上。学前教育作为准公共产品，应建立在工具理性的基础上，从弥补市场失灵的角度强调政府应作为学前教育供给的必要参与者，政府与市场共同参与提供学前教育（江夏，2017）。学前教育作为公共服务，其应建立在价值理性的基础上，政府供给学前教育是要保障公共利益这一根本目的，强调公共需求导向的学前教育供给，作为公共利益代表的政府在学前教育供给中的角色更加积极主动，必须在多元主体中被凸显出来并且居于主导地位，而政府以外的主体应当成为政府角色的补充者（江夏，2017）。

学前教育对国家发展具有战略价值，对民众具有公益性的本质，作为公共服务供给主体的各国政府应当成为发展学前教育、扩大学前教育公共服务覆盖面的主导者。政府拥有其他社会组织不具备的权利和资源调配能力,应以实现社会公益为目标,成为促进学前教育发展与公平的主导力量。世界上一些主要的国家和地区深刻意识到为所有学前儿童提供普及、公平与高质量的学前教育是政府必须承担的重要职责,纷纷通过制定政策法律明确政府是推进学前教育公平的责任主体。因此,以政府为主导也是国际社会实施"普及、公平和高质量"学前教育发展战略的源头和核心(庞丽娟、夏婧,2013)。如美国《不让一个儿童落后法》(No Child Left Behind Act of 2001)即明确规定政府要"确保所有儿童都拥有获得高质量教育的公正、平等和重要的机会"。法国规定"学前教育是国家公共事业,其组织和执行由国家予以保障"。印度早在1974年《国家儿童政策》中即明确提出"国家的政策目标应该是在所有儿童成长的所有阶段为其提供平等的发展机会,以服务于更大范围的减少不平等和促进社会公平的目的"(National Policy for Children,1974)。印度还规定国家要"确保向所有3岁以下的儿童提供保育、保护和发展的机会,确保向所有3~6岁的儿童提供整合的保育与发展及幼儿园学习的机会,通过儿童发展综合服务国家行动计划扩展并改进偏远和社会经济落后地区的学前保育"(余海军,2012),这表明印度政府在普及学前教育、推进学前教育均衡发展的过程中承担主导的责任。巴西及英国政府也明确规定,所有幼儿都应接受政府提供的良好质量的学前教育,以确保每个儿童都拥有良好的开端(霍力岩 等,2011)。通过刚性的形式对政府在学前教育公共服务体系发展中的主导职能进行明确是政府履行发展学前教育职责的首要前提。

明确了政府在学前教育公共服务体系中的主导地位后,各国纷纷通过改革学前教育办园体制,逐渐建立起以公立学前教育机构为主体的普及模式。例如OECD组织中有一半以上的国家公立机构数比例达50%以上,有五分之一左右的国家高达80%以上,其中卢森堡、法国、匈牙利等国甚至逼近100%。墨西哥、俄罗斯、古巴、巴西、朝鲜等国同样以公立机构为主体供给学前教育，前三个国家的公立机构比例均高于90%。统计还显示，北美、拉美/加勒比海、欧洲80%以上的国家的公立机构在园儿童比例超过50%，甚至更高（UNESCO，2004），这表明国际社会主要依靠公办园普及学前教育。

明确政府在学前教育发展中的职能，强化政府保障学前教育事业改革与发展的责任，是当前促进我国学前教育事业健康、可持续发展的迫切需求。政府职能是影响和决定学前教育发展方向和质量的首要因素，也是解决当前我国学前教育事业发展中出现的问题的重要条件。政府既是学前教育公共服务提供的第一责任人，也是保障学前教育公共服务生产质量的最终责任人。政府在我国学前教育公共服务供给中的总体规划与保障责任具体包括领导决策、统筹规划、财政投入、引导激励、立法规制、评价监管、问责奖惩等。

我国有不少学前教育的研究者和工作者提出了学前教育公办的主张，甚至将学前教育公办与学前教育公益相等同。现在我国的教育财政并不充足，单凭政府投入还不足以提供足够的学前教育服务。政府供给学前教育时常常出现对公共需求的忽略及对公共利益的偏离。比如，有些地方政府盲目撤并村办幼儿园，集中资金建设规模超大的乡镇中心幼儿园，表面上看是增加了学前教育公共资源，改善了农村学前教育的办学条件，但实际上由于服务半径的增大，给家长接送幼儿造成了极大的不便，还增加了安全隐患。这种偏差的产生主要是公众作为实际的服务受益者未能在政府供给中得到应有的重视，忽略了所供给的学前教育是否真正符合群众的需求（江夏，2017）。"学前教育公共服务体系"突显的是"公共服务"，政府的执政理念必须从管制取向转向服务取向。政府供给作为公共服务的学前教育，应将公共需求当成政府供给公共服务过程中重要的考量对象，从服务受益者的需求与利益出发，进行学前教育公共服务的供给和管理，并且应当将公共需求是否得到满足作为学前教育供给有效性的重要评判依据（江夏，2017）。

(五) 学前教育公共服务多元供给及责任划分

十九大报告揭示了当前我国的主要社会矛盾"已经转化为人民日益增长的美好生活需要和不平衡不充分的发展之间的矛盾"。当前在《教育规划纲要》实施的政策背景下，随着公众对学前教育观念的转变及人们物质文化生活水平的提高，公众对学前教育公共服务从"机会公平"转向"质量公平"的需求日趋增强，呈现从普及化、均等化向多样化发展的态势。实现和维护公共利益是服务型政府的主要职责所在，政府应为全社会提供优质、公正、充足和有效的公共服务，不断满足广大社会成员日益增长的多元化公共服务需求。学前教育虽然是公共服务的重要组成部分，但是由于政府财政有限及政府失灵等限制因素的存在，学前教育发展同样允许政府、市场、社会等多元主体参与。

美国的奥斯特罗姆（Ostrom）教授认为政府在提供公共产品的问题上会受到诸多条件的限制，提供公共产品的决策反映的是"中位选民"的偏好（李靖，2007）。面对日益强烈、多层次、多样化的学前教育公共服务需求，学前教育公共服务的供给仅仅依靠政府、市场或社会都难以满足公众对高质量和多样化服务的需求。政府要加强学前教育公共服务中的治理能力，应确定公共服务的公共价值，充分考虑民众的多样化需求，关注核心任务，寻找正确的合作伙伴，通过联合各方力量共同提供多样化的公共服务（戈德史密斯 等，2008；珍妮特，2010）。

单一的公共服务供给机制不利于满足不同层次的服务需求，只有多方参与才能有效地提供公共服务水平。在多元合作供给中首先要发挥政府的主导作用，同时引入市场竞争机制和社会志愿机制，政府与市场、社会应共同发挥各自优势，引导和激励市场、社会多主体参与。在学前教育领域，由于历史文化、经济发展水平和社会制度等方面的差异和变化，在不同国家及同一国家不同的历史时期，政府和市场的关系会有不同的组合方式，各自的作用边界也是相对的、动态的。在20世纪90年代初，挪威政府在新兴的自由主义和新保守主义的影响下提出"学校教育应该通过自由市场中竞争的方式来改进教育质量"（Brown，2000），开始实施公立学校市场化改革，幼儿园发展应以"经济、多样和自由选择"作为基本原则。挪威政府为建立"普惠、公平、优质、多样"的学前教育公共服务体系配套了适应的制度体系，明确幼儿园规范化办园标准，保证所有公立与私立幼儿园享受同等待遇，建立以政府为主、社会多元力量参与的教育质量监测体系（宋丽芹，2019）。在2012年《良好开端》的报告中，挪威学前教育在"付得起""可获得""教育质量"三个指标上的排名分别位居世界第一、第二和第四，学前教育综合排名位居世界第三（刘焱 等，2013）。

《纲要》明确了政府在学前教育事业发展中的责任，"建立政府主导、社会参与、公办民办并举的办园体制"。《国务院关于当前发展学前教育的若干意见》中进一步明确："必须坚持政府主导、社会参与、公办民办并举，落实各级政府责任，充分调动各方面积极性。"这充分表明，坚持"一主多元"即"政府主导，市场与社会多元参与"的学前教育公共服务体制已成为当前国家鲜明的政策导向。

无论是从数量还是从质量上看，城镇和农村地区学前教育公共服务体系的发展差距在拉大。目前城镇地区已经基本解决了入园难的问题，家长更关心的是如何选择一个高质量的幼儿园。在农村地区，很多适龄儿童还没有接受学前教育的机会。随着我国新城镇的建设进程加快，农村学龄前留守儿童和农民工随迁子女接受学前教育的问题正日益突出（庞丽娟，2009）。政府与市场联合提供学前教育服务的过程中，公共产品理论无法确定政府与市场之间的关系与定位，以及两者之间的边界如何划分（江夏，2017）。

要确定政府和市场在学前教育供给中的角色差异，可以从公共服务需求层次把学前教育公共服务分为学前教育基本公共服务与学前教育非基本公共服务。学前教育基本公共服务是政府向所有适龄儿童及其家长提供基本的、与经济社会发展水平相适应的一般性或普遍性学前教育服务（庞丽娟 等，2014）。《国家基本公共服务体系"十二五"规划》指出，"基本公共服务，指建立在一定的社会共识基础上，由政府主导提供的，与经济社会发展水平和阶段相适应，旨在保障全体公民生存和发展基本需求的公共服务。"由此可见，哪些领域属于基本公共服务范畴，并不是既定不变的，它受公众意识觉醒和社会经济发展水平等因素的影响，不同国家、不同历史时期对社会基本公共服务范畴的界定不同（原晋霞，2013）。在学前教育公共服务方面，我国正面临着"入园难""入园贵"两大难题。在这样一种供给不足的背景下，我国学前教育公共服务体系的建构迫切需要将自己的起点立于"基础性"需要、底线满足之上，提供"广覆盖、保基本、有质量、合标准"的多样化学前教育服务（王海英，2011）。学前教育基本公共服务应面向社会全体学前儿童，重点保障城乡弱势群体学前儿童，为其提供普遍性、基础性水平的学前教育基本公共服务。政府提供"保基本"的责任仅限于保障基本权利、基本机会和基本质量标准，超出基本范围和标准的服务成本由个人承担（庞丽娟 等，2014）。

学前教育非基本公共服务则是指高于学前教育基本公共服务水平和标准的学前教育公共服务，其主要目标是满足公众多样化的公共需求，目标人群重点面向要求享受超出学前教育基本公共服务标准的学前儿童，并为其提供个性化、多样化的学前教育公共服务。学前教育非基本公共服务具有使用的排他性、消费的竞争性和效用的相对可分性，其产品属性接近于私人产品，其公益性与公共性渐弱（庞丽娟 等，2014）。在政府公共财政能力较强、经济发展水平较高的地区，经济能力较好的家庭对学前教育的需求就日趋多样化。按照阿玛蒂亚·森（A. Sen，2002）的自由发展理论，社会对公平的理解不能局限在平均主义分配上。尊重公民的自由发展选择权也是实现社会公平正义的重要体现，自由权也是一种公共物品。

由于学前教育需求存在不同的层次，政府和市场在学前教育公共服务体系中的责任划分也有相应的依据。市场经济的运行规则主要靠竞争来实现，一些自身条件比较差的个体必然会在竞争中处于不利地位，这些处境不利人群的基本权利有可能受到威胁。为贫困落后地区提供学前教育公共服务很可能无利可图，因此，市场的逐利本质决定了依靠市场提供公共服务有可能造成学前教育机会分配不公的风险。我国现阶段的经济和社会发展水平同人民群众日益增长的公共服务需求是当前的主要矛盾,因此,现阶段仅仅依靠政府的力量无法很好地满足不同层次学前教育需求。学前教育基本公共服务"一主多元"供给机制的"一主"是指保障学前教育底线公平主导作用,强化政府对学前教育基本公共服务的提供者、保障者、生产者的责任。政府应以"公平优先、兼顾效率"为原则,优先保障学前教育基本公共服务均等化需求,适度兼顾学前教育的非基本公共服务多样化需求(庞丽娟等,2014)。

要满足多样化、多层次的学前教育公共服务需求,政府要承担主导责任,确保每个学龄儿童都能享有基本质量的学前教育服务,在学前教育非基本公共服务生产中适度引入市场机制,对市场在学前教育非公共服务中的作用进行规范和监督,发挥市场机制在学前教育非基本公共服务提供中的资源配置与生产中的效率优势,促进学前教育公共服务多样化发展,提供符合学前教育规律、满足个性化需求与公共利益性质的学前教育公共服务,最终促进儿童全面健康的成长、经济的协调发展和社会的安定和进步。

二、学前教育公共服务体系质量家长问卷统计分析

本研究使用的数据来自2015年6月对长三角地区镇江市7个区县所做的幼儿园家长问卷调查。抽样地区经济发达,人口流动量大,经济产业以集体经济为主。2010年10月,该市被国务院确定为国家学前教育体制改革试点地区。九年多来,市委、市政府将国家学前教育改革试点作为民生幸福工程的重点攻坚项目,以"明职责、建机制、扩资源、保运转、有质量"为改革思路,以构建"广覆盖、保基本、有质量"的学前教育改革服务体系为目标,连续出台了十多个文件。在政策制定、规划布局、园舍建设、经费投入、教师发展、质量提升等方面的改革有了实质性的突破,初步形成了以"五为主"(幼儿园以

公办为主，幼儿教师以公办教师为主，学前教育投入以公共财政投入为主，幼儿园以优质幼儿园为主，公办幼儿园以教育行政部门主管为主）为主要特征的学前教育公共服务体系。抽样地区发达的学前教育公共服务体系适合于检验政府主导下以公办幼儿园为主体、民办幼儿园为补充的学前教育公共服务体系的政策效果。

（一）样本总体情况分析

本次研究通过网络平台和微信平台对问卷进行发放和回收，共调查了该市6 289名幼儿园幼儿家长及其幼儿。通过对数据库进行清理，删除缺失值的个案后，最终确定的调查对象为2 948名幼儿园幼儿家长及其幼儿。

调查回收的样本分别来自该市的七大区县。从办园类型来看，来自教育部门主办的幼儿园的幼儿家长有1 709人，占样本量的58%，来自集体部门主办的幼儿园的有786人，占样本量的26.7%，来自民办幼儿园的有453人，占样本量的15.3%；从幼儿园的级别来看，省级优秀示范幼儿园的幼儿家长占87.7%，市级优秀示范幼儿园的样本数占3.0%，合格幼儿园的样本数占9.3%；从孩子现在的户口类型来看，拥有本地城镇户口的有1 335人，所占比例为45.3%，拥有本地农业户口的有886人，所占比例为30.1%，拥有外地城镇户口的有237人，所占比例为8.0%，拥有外地农业户口的有490人，所占比例为16.6%；从孩子当前的主要抚养人来看，绝大部分的孩子都是由父母抚养（$n=2\,828$，95.9%），仅有4.1%的孩子由祖父母或外祖父母抚养。在所调查的样本中，大部分孩子在家主要使用的语言是普通话（$n=2\,525$，85.6%），有318名孩子在家主要使用的语言是本地方言，还有3.6%的孩子在家主要使用的语言是其他方言。从父母的年龄来看，所调查的家长比较年轻，其年龄大部分集中在25~35岁之间（其中，父亲占总样本的72.6%，母亲占总样本量的80.3%）；从父母的文化程度来看，整体学历不高，中专及以下学历的家长所占比例最大（父亲有1 793人，占60.8%；母亲有1 894人，占64.2%）；从父母的职业来看，从事工人、个体户、专业技术人员、一般管理及办事人员的家长占据了较大的比例，其中，职业为工人的家长在各行业中所占的比例最高（父亲为 21.1%，母亲为 19.9%）。在所调查的样本中，2015 年上半年家庭月平均收入为 2 000～5 000 元的家庭所占比例最大，为 38.6%，其次是月收入在 5 000～8 000 元的家庭，所占比例为 27.0%。

本研究分别采用家长对孩子所在幼儿园的评价量表、孩子各领域发展情况（与入园前相比）量表对参与调查的该市 2 948 名家长及其幼儿进行了研究分析，探讨不同背景下的幼儿家长对幼儿所在幼儿园的总体评价情况，以及不同幼儿在各大领域的发展情况（与入园前相比）。

1. 家长对孩子所在幼儿园的总体评价情况分析

本研究采用李克特式五点计分量表进行家长对孩子所在幼儿园总体评价的情况分析。在对量表总体及各维度表现情况进行分析时，按照多数学者在运用李克特五点量表时所采取的判断标准，以 3.0 分、3.75 分、4.25 分为分界点，得分小于 3.0 分的视为得分很低，表现情况差；得分介于 3.0 分和 3.75 分之间的视为得分一般，情况一般；得分介于 3.75 分和 4.25 分之间的视为得分较高，表现情况较好；得分大于 4.25 分的视为得分很高，表现情况很好。家长对孩子所在幼儿园总体评价情况分析所表现出的是参与调查的家长在该问卷中得分越高，说明其对孩子所在幼儿园的评价越好。在此次调查中，该市家长对孩子所在幼儿园总体评价情况的平均得分是 4.80 分（S.D = 0.50），说明家长对孩子所在幼儿园的总体评价很高。

在家长对孩子所在幼儿园进行评价的各维度中，对幼儿园在营养、保健与安全（保育）和教师质量这两方面的评价的平均得分最高，为 4.78 分；其次是对幼儿园收费与硬件设施的评价，平均得分为 4.76 分；再次是对幼儿园课程与教学的评价，平均分为 4.75 分；对家长参与和家园联系方面的评价相对最低，平均得分为 4.74 分。各维度上的平均得分都在 4.25 分以上，得分很高，说明家长对孩子所在幼儿园的各个方面的评价都很好；在四个维度的得分上，家长参与和家园联系这一维度的得分相对最低，表明幼儿园在家园合作方面还需要继续努力。

家长对孩子所在幼儿园的总体评价情况如图 3-1 所示。

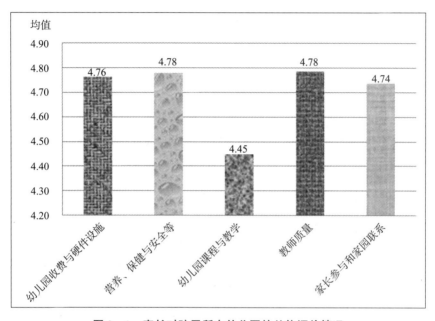

图 3-1 家长对孩子所在幼儿园的总体评价情况

2. 与入园前相比，孩子在各个领域的发展情况分析

本研究采用李克特式四点计分量表进行入园前孩子在各个领域的发展情况分析。在对量表总体及各维度表现情况进行分析时，采取如下判断标准：以 2.25 分、2.75 分、3.25 分为分界点，得分小于 2.25 分的视为得分很低，"不如以前"；得分介于 2.25 分和 2.75 分之间的视为得分一般，"没有提高"；得分介于 2.75 分和 3.25 分之间的视为得分较高，"略有提高"；得分大于 3.25 分的视为得分很高，"较大提高"。孩子在各个领域的发展情况分析所表现的是参与调查的家长在该问卷中得分越高，说明其所观察到的孩子在各个领域的发展与入园前相比提高得越多。此次调查中，与入园前相比，家长观察到的孩子在五大领域的发展情况的平均得分均高于 3.25 分，说明与入园前相比，孩子在各个领域的发展都有较大的提高，五大领域的总体发展情况

很好。

在家长所观察到的孩子在各个领域的发展中，社会领域得分最高，为3.82分，说明孩子在社会领域的发展提高最大；其次是科学领域的得分，为3.79分；再次是健康领域，平均得分为3.78分；语言领域，平均得分为3.77分；艺术领域，平均得分为3.74分；学习品质的得分相对最低，平均得分为3.66分。各个维度上的平均得分都位于3.25分以上，得分很高，说明与入园前相比，家长所观察到的孩子在各个领域的发展都有较大的提高；同时，相较于其他各维度，学习品质这一维度得分最低，表明幼儿园对幼儿学习品质的培养还不够重视。良好的学习品质对幼儿日后的学习与发展至关重要，幼儿园应加强对幼儿良好的学习品质的培养。

与入园前相比，孩子在各个领域的发展情况如图3-2所示。

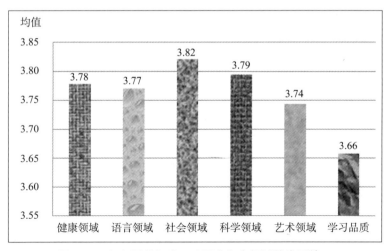

图3-2 与入园前相比，孩子在各个领域的发展情况

3. 2015年参加过（或正在参加）的亲子班或辅导班情况

调查数据表明，在2015年参加过（或正在参加的）亲子班或辅导班中，报名参加过书画类亲子班或辅导班的人数最多（22.9%），其次是参加过（或正在参加）舞蹈班的人数（19.8%）；然后依次是数学辅导班，所占比例为15.6%；游戏亲子班，所占比例为9.3%；语文辅导班，所占比例为7.9%；体育辅导班，所占比例为6.3%；外语辅

导班,所占比例为 5.5%;乐器辅导班,所占比例为 5.4%;棋类辅导班,所占比例为 4.3%;参加声乐辅导班的人数最少,所占比例为 3.0%。由调查结果可知,在参加亲子班或辅导班的家长中,很多家长都选择参加书画类、舞蹈类和数学等亲子班或辅导班。

2015 年参加过(或正在参加)的亲子班或辅导班的情况如图 3-3 所示。

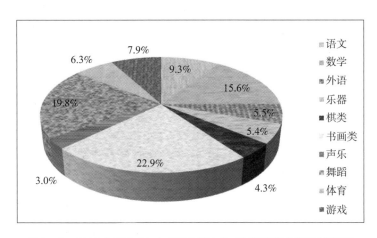

图 3-3 2015 年参加过(或正在参加)的亲子班或辅导班情况

4. 家长对孩子学历的期望程度

在所调查的样本中,绝大部分家长都希望自己的孩子能够取得大学本科及以上的学历($n=2\,866$, 97.2%)。其中,有 1 473 名家长希望孩子读完大学本科,占总样本量的 50%;有 673 名家长希望孩子能读完硕士,所占比例为 22.8%;有 720 名家长希望孩子能够读完博士,所占比例为 24.4%。仅有 1.4% 的家长希望孩子读完大专,0.7% 的家长希望孩子读完高中,0.4% 的家长希望孩子只读完九年义务教育,还有 0.3% 的家长认为孩子不必读书。这表明大部分家长对自己的孩子有较高的教育期望,希望孩子能够拥有较高的文化程度,其中,希望孩子能获得硕士、博士学位的家长不在少数。

家长对孩子学历的期望程度如图 3-4 所示。

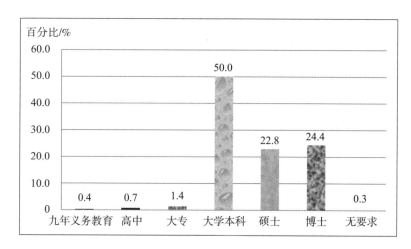

图 3-4 家长对孩子学历的期望程度

5. 家长对孩子在幼儿园不同方面发展的重视程度

在家长对孩子在幼儿园不同方面发展的重视程度上,调查数据显示,大部分家长最重视孩子习惯和学习品质(如好奇心、专注力、坚持性)的养成($n=1\,465$,49.7%),其次是对孩子身心健康发展的重视程度($n=1\,244$,42.2%);在孩子不同方面的发展上,选择孩子习惯和学习品质(如好奇心、专注力、坚持性)的养成的家长人数最多,有957人,所占比例为32.5%,其次是选择孩子能乐于与人交往、和谐相处方面的家长($n=923$,31.3%),再次是选择孩子身心健康发展方面的家长,有704人,所占比例为23.9%。由此可知,绝大多数家长意识到了良好的学习习惯和学习品质对孩子日后发展的重要性,因此,也最为重视孩子学习习惯和学习品质的养成,同时也十分重视孩子身心的健康发展和能够乐于与人交往,和谐相处。

家长对孩子在幼儿园不同方面发展的重视程度如图3-5所示。

6. 家长希望与幼儿园沟通合作的方式

关于家长希望与幼儿园沟通合作的方式方面,调查数据表明,有82.1%的家长希望通过家园练习本、微信、电话等交流方式与幼儿园进行沟通合作,有56.9%的家长希望通过接送孩子时与教师交谈达到

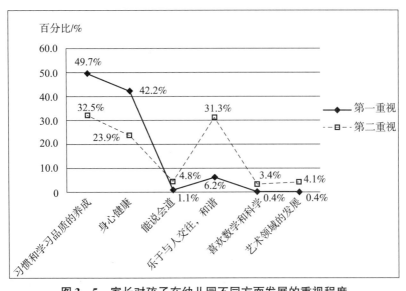

图 3-5　家长对孩子在幼儿园不同方面发展的重视程度

与幼儿园的沟通合作，有 35.7% 的家长希望通过教育讲座或开家长会的方式与幼儿园进行沟通合作，有 35.3% 的家长希望利用家长开放日或其他家园合作活动，如观摩幼儿园的教育活动的方式与幼儿园沟通合作。此外，还有 589 名家长选择看家长园地、家长读物等方式，所占比例为 20.05%，也有一些家长希望通过教师家访、参与幼儿园家委会的工作、作为志愿者参与幼儿园的教育活动等方式达到与幼儿园的沟通合作。

家长希望与幼儿园沟通合作的方式如图 3-6 所示。

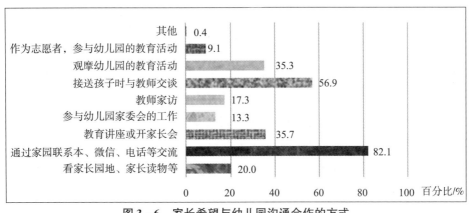

图 3-6　家长希望与幼儿园沟通合作的方式

(二) 调查样本的分类分析

1. 不同办园类型的统计分析

(1) 不同办园类型家长对孩子所在幼儿园的总体评价情况。由调查结果可知,在家长对孩子所在幼儿园的总体评价得分上,孩子所在幼儿园为教育部门主办和集体部门主办时,其家长对孩子所在幼儿园的总体评价得分高于 4.75 分,得分很高,评价很好,孩子所在幼儿园为民办幼儿园的家长对该幼儿园的评价得分介于 4.25~4.75 分之间,得分较高,评价较好。其中,孩子所在幼儿园为集体部门办园的家长对该幼儿园的评价最好,得分最高,为 4.87 分;其次是孩子所在幼儿园为教育部门办园的家长对该幼儿园的评价得分,为 4.82 分;孩子所在幼儿园为民办幼儿园的家长对幼儿园的评价最低,得分为 4.61 分。总体而言,虽然幼儿所在幼儿园的办园类型不同,其家长对该幼儿园的总体评价得分也会有所不同,但所有家长对各类幼儿园的评价还是比较高的。这也从侧面说明了当地的幼儿园都有相对不错的办园质量,民办幼儿园较公办幼儿园次之。

就家长对幼儿园进行评价的不同方面而言,在幼儿园收费与硬件设施上,家长对集体部门办的幼儿园的评价最高,得分为 4.82 分,然后是教育部门办的幼儿园,评价得分为 4.81 分,民办幼儿园的评价得分最低,为 4.49 分;在营养、保健与安全(保育)上,集体部门办的幼儿园的评价得分为 4.82 分,教育部门办的幼儿园的评价得分为 4.81 分,民办幼儿园的评价得分为 4.45 分;在幼儿园课程与教学上,对集体部门办的幼儿园的评价得分最高,为 4.59 分,然后是对民办幼儿园的评价得分 4.45 分,对教育部门办的幼儿园的评价得分最低,为 4.39 分;在教师质量上,评价得分由高到低依次是集体部门办的幼儿园、教育部门办的幼儿园、民办幼儿园,得分分别为 4.86 分、4.80 分、4.60 分;在家长参与和家园联系上,对教育部门办的幼儿园、集体部门办的幼儿园、民办幼儿园的评价得分分别是 4.79 分、4.75 分、4.53 分。通过对比幼儿园各方面的评价得分可以发现,在幼儿园课程与教学方面，各类幼儿园的得分相对稍低一些。

不同办园类型家长对孩子所在幼儿园的总体评价情况如图 3-7 和图 3-8 所示。

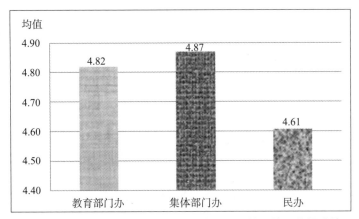

图 3-7　不同办园类型家长对孩子所在幼儿园的总体评价得分情况

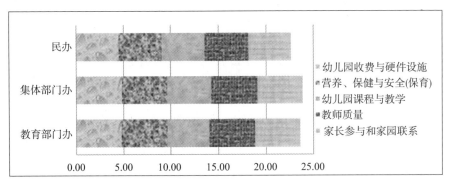

图 3-8　不同办园类型家长对孩子所在幼儿园的总体评价情况

注：问卷采用里克特 5 分量表，5 项总分为 25 分。

（2）不同办园类型孩子入园后不同领域的发展情况。调查结果显示，不同办园类型的幼儿入园后在各个领域的发展较入园前都有所提高，但民办幼儿园的幼儿较其他两类幼儿园的孩子次之。具体而言，在健康领域、科学领域和艺术领域，教育部门办的幼儿园和集体部门办的幼儿园的幼儿得分高于 3.75 分，得分很高，说明幼儿较入园前有较大提高，民办幼儿园幼儿得分介于 3.25 ~ 3.75 分之间，得分较高，说明幼儿较入园前略有提高；在语言领域和社会领域，三种办园类型的幼儿园幼儿得分均在3.75分之上，说明各类幼儿园的幼儿与入园前相比，在语言方面和社会性发展方面都有较大提高；在学习品质方面，各类幼儿园的幼儿得分均介于3.25~3.75分之间，说明各类幼儿园的幼儿与入园前相比，在学习品质方面的发展程度不大，仅略有提高。这也在一定程度上说明各类幼儿园在对幼儿学习品质的培养方面还不够重视，较其他领域的培养有所欠缺。

不同办园类型孩子入园后各领域的发展情况如图3-9所示。

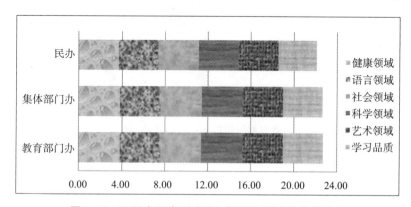

图3-9 不同办园类型孩子入园后各领域的发展情况

注：问卷采用里克特4分量表，6项总分为24分。

（3）不同办园类型的家长2015年参加过的亲子班或辅导班情况。就2015年家长参加过（或正在参加）的亲子班或辅导班的情况而言，调查数据表明，各类幼儿园的家长参加的辅导班主要集中在书画类、舞蹈和数学辅导班上。具体来讲，教育部门办的幼儿园和集体部门办的幼儿园的幼儿家长中参加书画类辅导班的人数均是最多的，分别占各类总人数的29.6%、29.3%，其次是舞蹈辅导班，分别占各类总人数的24.2%、27.6%，数学辅导班，所占比例分别为16.8%、17.9%；民办幼儿园幼儿家长中参加数学辅导班的人数最多，占40.2%，其次是书画类辅导班和舞蹈辅导班，所占比例分别为34.9%和32.2%。

不同办园类型家长2015年参加过（或正在参加）的亲子班或辅导班情况如图3-10所示。

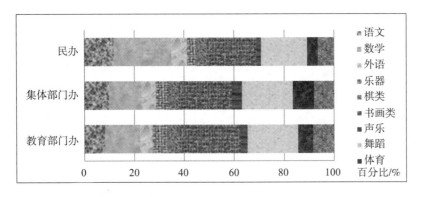

图 3-10　不同办园类型家长 2015 年参加过（或正在参加）
的亲子班或辅导班的情况

(4) 对孩子学历的期望程度。在各类幼儿园的幼儿家长中，希望孩子学历达到大学本科的家长人数是最多的，希望孩子念到硕士和博士程度的家长也占了相当大的比例，在教育部门办的幼儿园就读的幼儿家长中，希望孩子取得硕士和博士学位的家长分别占 23.4%、24.8%，总计 48.2%；在集体部门办的幼儿园就读的幼儿家长中，希望孩子取得硕士和博士学位的家长分别占 20.4%、26.0%，总计 46.4%。在民办幼儿园就读的幼儿家长中，希望孩子取得硕士和博士学位的家长分别占 24.9%、20.5%，总计 45.4%。总之，在所调查的幼儿家长中，几乎所有的家长都对自己的孩子有较高的教育期望，希望孩子取得本科或以上的学历。

不同办园类型家长对孩子学历的期望程度如图 3-11 所示。

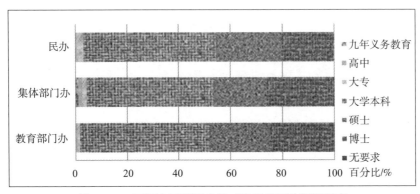

图 3-11　不同办园类型家长对孩子学历的期望程度

(5) 第一在乎孩子的发展方面。对于各类幼儿园的幼儿家长而言，关于家长第一在乎孩子在幼儿园的发展方面，主要集中在"习惯和学习品质的养成"和"身心健康"上。其中，教育部门办的幼儿园、集体部门办的幼儿园和民办幼儿园的幼儿家长第一在乎孩子在习惯和学习品质的养成方面的人数均是最多的，所占比例分别为47.6%、55.0%、48.3%；其次是第一在乎孩子在幼儿园身心健康发展方面的家长人数，分别为43.5%、37.2%、45.9%。无论是公办幼儿园还是民办幼儿园，各类幼儿园的幼儿家长都认识到了健康的身心和良好的习惯与学习品质的养成对幼儿成长、发展的重要性，并最在乎幼儿在幼儿园中关于这两方面的发展情况。

不同办园类型家长第一在乎孩子发展方面的情况如图3-12所示。

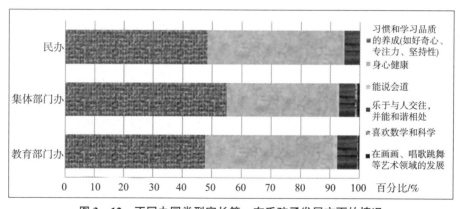

图3-12 不同办园类型家长第一在乎孩子发展方面的情况

(6) 希望与幼儿园沟通合作的方式。调查结果显示，在选择希望与幼儿园沟通合作的方式上，不同办园类型的幼儿家长都选择了"通过家园联系本、微信、电话等交流""接送孩子时与教师交谈""观摩幼儿园的教育活动""教育讲座或开家长会"等与幼儿园进行沟通合作的方式。其中，各类家长中希望"通过家园联系本、微信、电话等交流"方式与幼儿园进行沟通合作的人数最多。在各种与幼儿园沟通合作的方式中，希望"作为志愿者，参与幼儿园的教育活动"的家长人数是相对最少的。

不同办园类型家长希望与幼儿园沟通交流的方式如图3-13所示。

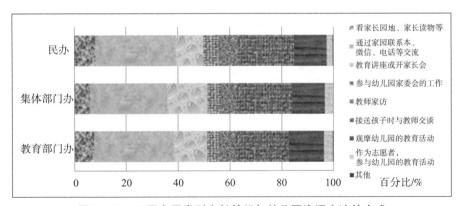

图 3-13 不同办园类型家长希望与幼儿园沟通交流的方式

2. 不同幼儿园级别的统计分析

（1）不同幼儿园级别家长对孩子所在幼儿园的总体评价情况。由调查结果可知，在家长对孩子所在幼儿园的总体评价得分上，孩子所在幼儿园为省优幼儿园的家长对孩子所在幼儿园的总体评价得分为 4.82 分，高于 4.75 分，得分很高，评价很好，孩子所在幼儿园为市优幼儿园和合格幼儿园的家长对该幼儿园的评价得分分别为 4.51 分、4.71 分，介于 4.25~4.75 分之间，得分较高，评价较好。

就家长对幼儿园进行评价的不同方面而言，在幼儿园收费与硬件设施上，家长对省优幼儿园的评价最高，得分为 4.78 分，然后是合格幼儿园，评价得分为 4.73 分，而市优幼儿园的评价得分最低，为 4.50 分；在营养、保健与安全（保育）上，省优幼儿园、市优幼儿园、合格幼儿园的评价得分依次为 4.79 分、4.54 分、4.78 分；在幼儿园的课程与教学上，对合格幼儿园的评价得分最高，为 4.68 分，然后是对省优幼儿园的评价得分 4.44 分，对市优幼儿园的评价得分最低，为 3.97 分；在教师质量上，评价得分由高到低依次是省优幼儿园、合格幼儿园、市优幼儿园，得分分别为 4.79 分、4.79 分、4.56 分；在家长参与和家园联系上，评价得分由高到低依次是省优幼儿园、合格幼儿园、市优幼儿园，得分分别为 4.75 分、4.73 分、4.50 分。值得注意的是，无论是对幼儿园的总体评价还是对幼儿园的各个方面进行评价，市优幼儿园的得分均低于省优幼儿园和合格幼儿园；另外，在幼儿园的课程与教学方面,家长对合格幼儿园的评价得分反而要高于省优幼儿园和市优幼儿园。

不同幼儿园级别家长对孩子所在幼儿园的总体评价得分情况如图3-14和图3-15所示。

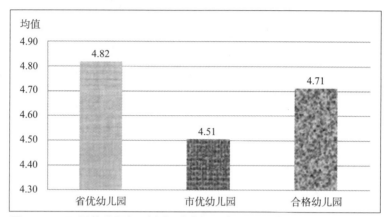

图3-14 不同幼儿园级别家长对孩子所在幼儿园的总体评价得分情况

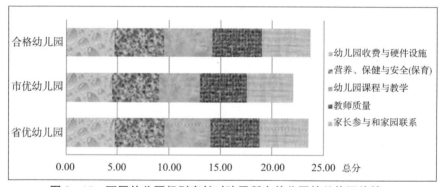

图3-15 不同幼儿园级别家长对孩子所在幼儿园的总体评价情况

(2)不同幼儿园级别孩子入园后不同领域的发展情况。调查结果显示,不同幼儿园级别的幼儿入园后在各个领域的发展较入园前都有所提高,但市优幼儿园的幼儿较其他两类幼儿园的孩子次之。具体而言,在语言领域、社会领域和科学领域,省优幼儿园和合格幼儿园的幼儿得分均高于3.75分,得分很高,说明幼儿较入园前有较大提高,市优幼儿园的幼儿得分介于3.25~3.75分之间,得分较高,说明幼儿较入园前略有提高;在健康领域,省优幼儿园的幼儿得分最高,为3.79分,得分很高,说明省优幼儿园的幼儿与入园前相比,在健康方面的发展有较大提高,合格幼儿园的幼儿得分次之,为 3.73 分,市优幼儿园的幼儿得分最低,为 3.66 分,这两类幼儿园的幼儿与入园前相比在该领域的发展略有提高;在艺术领域和学习品质方面,合格幼儿园的幼儿得分均是最高的,分别为 3.76 分、3.70 分,省优幼儿园的幼儿得分次之,分别为 3.74 分、3.65 分,市优幼儿园的幼儿得分最低,分别为 3.63 分、3.59 分。与入园前相比,不同幼儿园级别的幼儿在这两个领域的发展均略有提高。

不同幼儿园级别孩子入园后不同领域的发展情况如图 3-16 所示。

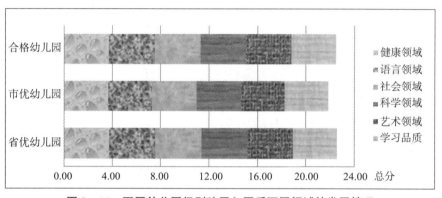

图 3-16　不同幼儿园级别孩子入园后不同领域的发展情况

(3) 不同幼儿园级别的家长 2015 年参加过的亲子班或辅导班情况。就 2015 年家长参加过（或正在参加）的亲子班或辅导班的情况而言,调查数据表明,不同幼儿园级别的幼儿家长所参加的辅导班情况略有不同。具体而言,在省优幼儿园的幼儿家长中,参加过书画类辅导班的家长人数最多,所占比例为 31.4%,其次是舞蹈辅导班,所占比例为 26.8%,也有 20.4% 的家长参加过数学辅导班;在市优幼儿园家长中,参加过声乐辅导班的家长人数最多,占该幼儿园级别家长总人数的 13.8%,参加过棋类辅导班的家长人数次之,所占比例为 11.5%;在合格幼儿园家长中,参加人数较多的是数学辅导班、书画类辅导班和语文辅导班,所占比例依次是 28.8%、25.9%、20.8%。

不同幼儿园级别家长 2015 年参加过（或正在参加）的亲子班或辅导班情况如图 3-17 所示。

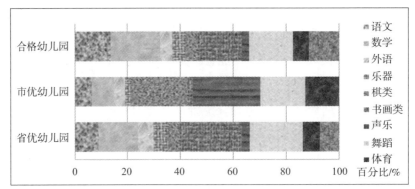

图 3-17 不同幼儿园级别家长 2015 年参加过（或正在参加）
的亲子班或辅导班情况

(4) 对孩子学历的期望程度。在不同幼儿园级别的幼儿家长中，希望孩子学历达到大学本科的家长人数是最多的，分别占省优幼儿园、市优幼儿园、合格幼儿园各类家长总人数的 49.0%、65.5% 和 54.0%。希望孩子取得硕士和博士学位的家长也占了相当大的比例，只有极少数的家长对孩子学历的要求是大专程度或以下。具体而言，在省优幼儿园的幼儿家长中，希望孩子取得硕士和博士学位的家长分别占 23.9% 和 24.7%，总计 48.6%；在市优幼儿园的幼儿家长中，希望孩子取得硕士和博士学位的家长分别占 14.9% 和 12.6%，总计 27.5%。在合格幼儿园的幼儿家长中，希望孩子取得硕士和博士学位的家长分别占 15.3% 和 25.9%，总计 41.2%。

不同幼儿园级别家长对孩子学历的期望程度如图 3-18 所示。

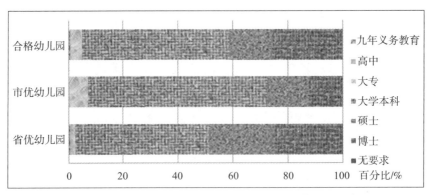

图 3-18 不同幼儿园级别家长对孩子学历的期望程度

(5) 第一在乎孩子的发展方面。对于不同幼儿园级别的幼儿家长而言,关于家长第一在乎孩子在幼儿园的发展方面,主要集中在"习惯和学习品质的养成"和"身心健康"上。其中,省优幼儿园、市优幼儿园、合格幼儿园的幼儿家长第一在乎孩子在"习惯和学习品质的养成"方面的人数均是最多的,所占比例分别为49.8%、56.3%、46.7%;其次是第一在乎孩子在幼儿园身心健康发展方面的人数,所占比例分别为42.5%、27.6%、44.2%。

不同幼儿园级别家长第一在乎孩子发展方面的情况如图3-19所示。

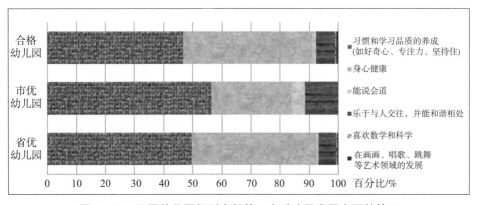

图3-19 不同幼儿园级别家长第一在乎孩子发展方面的情况

(6) 希望与幼儿园沟通合作的方式。调查结果显示,关于多种与幼儿园沟通合作的方式,在不同幼儿园级别的幼儿家长中,希望"通过家园联系本、微信、电话等交流""接送孩子时与教师交谈""观摩幼儿园的教育活动""教育讲座或开家长会"等方式与幼儿园进行沟通合作的家长人数最多。其中,省优幼儿园的幼儿家长中选择人数最多的前四种沟通方式依次是"通过家园联系本、微信、电话等交流""接送孩子时与教师交谈""教育讲座或者开家长会""观摩幼儿园的教育活动";市优幼儿园的幼儿家长中选择人数最多的前四种沟通方式依次是"通过家园联系本、微信、电话等交流""接送孩子时与教师交谈""教师家访""观摩幼儿园的教育活动"和"看家长园地、家长读物";合格幼儿园的幼儿家长中选择人数最多的前四种沟通方式依次是"通过家园联系本、微信、电话等交流""接送孩子时与教师交谈""教育讲座或开家长会""观摩幼儿园的教育活动"和"看家长园地、家长读物"。

不同幼儿园级别家长希望与幼儿园沟通交流的方式如图3-20所示。

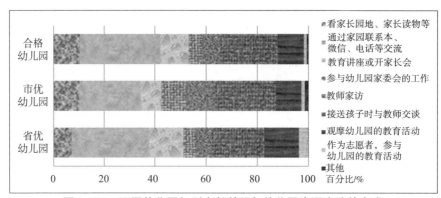

图3-20 不同幼儿园级别家长希望与幼儿园沟通交流的方式

3. 不同孩子现有户口类型的统计分析

（1）不同孩子现有户口类型家长对孩子所在幼儿园的总体评价情况。由调查结果可知，在家长对孩子所在幼儿园的总体评价得分上，不同户口类型幼儿的家长对孩子所在幼儿园的总体评价没有差别，得分均高于4.75分，得分很高，评价很好。

不同孩子现有户口类型家长对孩子所在幼儿园的总体评价得分情况如图3-21所示。

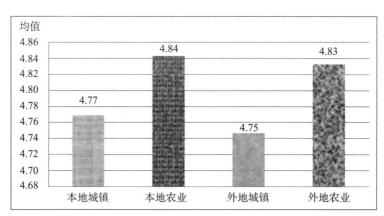

图3-21 不同孩子现有户口类型家长对孩子所在幼儿园的总体评价得分情况

就家长对幼儿园进行评价的不同方面而言，在幼儿园收费与硬件设施、营养、保健与安全（保育）、家长参与和家园联系等方面，幼儿家长评价得分由高到低的户口类型依次是本地农业、外地农业、外地城镇、本地城镇；在幼儿园课程与教学上，幼儿家长评价得分由高到低的户口类型依次是外地农业、外地城镇、本地城镇、本地农业；在教师质量上，幼儿家长评价得分由高到低的户口类型依次是外地农业、本地农业、外地城镇、本地城镇。

不同孩子现有户口类型家长对孩子所在幼儿园的总体评价情况如图3-22所示。

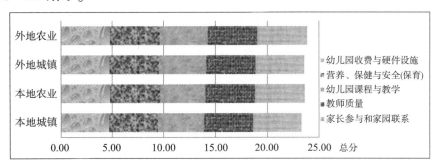

图3-22 不同孩子现有户口类型家长对孩子所在幼儿园的总体评价情况

（2）不同现有户口类型孩子入园后各领域的发展情况。调查结果显示，不同户口类型的幼儿入园后在各个领域的发展得分均高于3.25分，得分较高，说明不同户口类型的幼儿入园后在各个领域的发展较入园前都有所提高。

具体而言，在健康领域、社会领域和科学领域，不同户口类型的幼儿得分均高于3.75分，得分很高，说明幼儿较入园前在这些领域的发展都有较大提高；在语言领域，外地城镇户口的幼儿得分最低，为3.74分，与入园前相比，幼儿在该领域的发展略有提高，而其他三种户口类型的幼儿得分均高于3.75分，说明与入园前相比，幼儿在该领域的发展有较大提高；在艺术领域，本地城镇户口的幼儿得分最低，为3.73分，与入园前相比，幼儿在该领域的发展略有提高，而其他三种户口类型的幼儿得分均高于3.75分，说明与入园前相比，幼儿在该领域的发展有较大提高；在学习品质方面，不同户口类型的幼儿得分均介于 3.25~3.75 分之间，说明与入园前相比，不同户口类型的幼儿在该领域的发展略有提高。

不同户口类型孩子入园后不同领域的发展情况如图 3-23 所示。

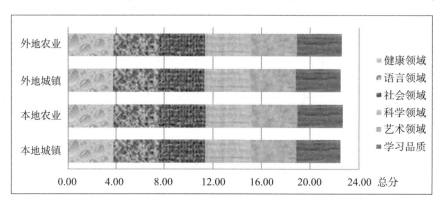

图 3-23　不同户口类型孩子入园后不同领域的发展情况

（3）不同孩子现有户口类型的家长 2015 年参加过的亲子班或辅导班的情况。就 2015 年家长参加过（或正在参加）的亲子班或辅导班情况而言，调查数据表明，不同户口类型的幼儿家长参加的辅导班情况基本相同。具体而言，在本地城镇、本地农业、外地城镇户口的幼儿家长中，参加过书画类辅导班的家长人数最多，所占比例分别为 36.2%、24.7%、32.9%，其次是舞蹈辅导班，所占比例分别为 28.2%、23.6%、29.5%，再次是参加过数学辅导班的家长人数，所占比例分别为 22.5%、17.5%、20.7%；在外地农业户口类型的幼儿家长中，参加过舞蹈辅导班的家长人数最多，所占比例为 24.5%，其次是参加过书画类辅导班的家长，所占比例为 23.3%，再次是参加过数学辅导班的家长，所占比例分别为 21.4%。

不同户口类型孩子的家长 2015 年参加过（或正在参加）的亲子班或辅导班情况如图 3-24 所示。

（4）对孩子学历的期望程度。在不同户口类型的幼儿家长中，希望孩子学历达到大学本科的家长人数是最多的，分别占本地城镇、本地农业、外地城镇、外地农业户口类型幼儿家长总人数的 45.5%、

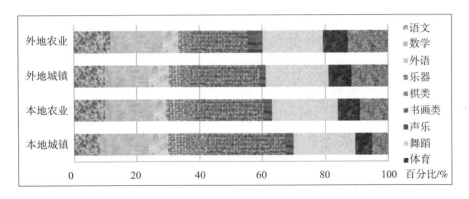

图 3-24 不同户口类型孩子的家长 2015 年参加过（或正在参加）的亲子班或辅导班情况

54.2%、48.9%、54.9%。希望孩子取得硕士和博士学位的家长也占了相当大的比例，只有极少数的家长希望孩子取得的学历在大专程度或以下。具体而言，在本地城镇户口类型的幼儿家长中，希望孩子取得硕士和博士学位的家长分别占 29.7%、23.1%，总计 52.8%；在本地农业户口类型的幼儿家长中，希望孩子取得硕士和博士学位的家长分别占 19.2%、23.9%，总计 43.1%；在外地城镇户口类型的幼儿家长中，希望孩子取得硕士和博士学位的家长分别占 19.0%、28.7%，总计 47.7%；在外地农业户口类型的幼儿家长中，希望孩子取得硕士和博士学位的家长分别占 12.7%、26.9%，总计 39.6%。

不同户口类型孩子的家长对孩子学历的期望程度如图 3-25 所示。

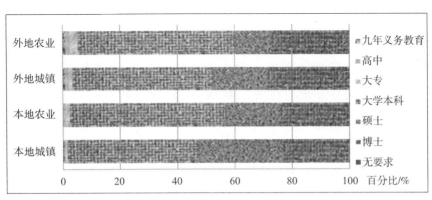

图 3-25 不同户口类型孩子的家长对孩子学历的期望程度

（5）第一在乎孩子的发展方面。对于不同户口类型的幼儿家长而言，关于家长第一在乎孩子在幼儿园的发展方面，主要集中在"习惯和学习品质的养成"和"身心健康"上。其中，各户口类型的幼儿家长第一在乎孩子在习惯和学习品质的养成方面的人数均是最多的，所占比例分别为52.6%、45.5%、51.5、48.6%；其次是第一在乎孩子在幼儿园身心健康发展方面的家长人数，分别为41.0%、44.5%、40.9%、42.0%。

不同户口类型孩子的家长第一在乎孩子的发展方面情况如图3-26所示。

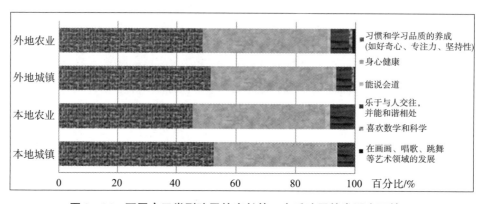

图3-26 不同户口类型孩子的家长第一在乎孩子的发展方面情况

（6）希望与幼儿园沟通合作的方式。调查结果显示，关于多种与幼儿园沟通合作的方式，在不同户口类型的幼儿家长中，希望"通过家园联系本、微信、电话等交流""接送孩子时与教师交谈""观摩幼儿园的教育活动""教育讲座或开家长会"等方式与幼儿园进行沟通合作的家长人数最多。其中，除本地城镇户口类型的幼儿家长外，其他户口类型的幼儿家长中选择人数最多的前四种沟通方式依次是"通过家园联系本、微信、电话等交流""接送孩子时与教师交谈""教育讲座或开家长会""观摩幼儿园的教育活动"；本地城镇户口类型的幼儿家长中选择人数最多的前四种沟通方式依次是"通过家园联系本、微信、电话等交流""接送孩子时与教师交谈""观摩幼儿园的教育活动""教育讲座或开家长会"。

不同户口类型孩子的家长希望与幼儿园沟通合作的方式如图3-27所示。

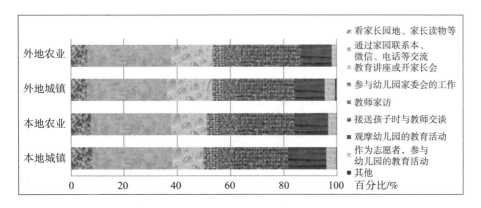

图3-27 不同户口类型孩子的家长希望与幼儿园沟通合作的方式

4. 不同文化程度家长的统计分析

(1) 不同文化程度的父亲对孩子所在幼儿园的总体评价情况。由调查结果可知，在家长对孩子所在幼儿园的总体评价得分上，不同文化程度的父亲对孩子所在幼儿园的总体评价没有差别，各文化程度（中专及以下、大专、本科及以上）的父亲对幼儿园的评价得分均高于4.75分，得分很高，评价很好。

就家长对幼儿园进行评价的不同方面而言，在幼儿园收费与硬件设施和营养、保健与安全（保育）、家长参与和家园联系上，中专及以下文化程度的父亲对幼儿园的评价得分均高于4.75分，得分很高，对幼儿园这几个方面的评价都很好；而大专和本科及以上文化程度的父亲对这些方面的评价得分稍低，得分均介于4.25~4.75分之间，得分较高，评价较好。在教师质量方面，中专及以下和大专文化程度的父亲对此的评价得分稍高，均高于4.75分，评价很好，而本科及以上文化程度的父亲评价得分介于4.25~4.75分之间，得分较高，评价较高。在幼儿园课程与教学方面，不同文化程度的父亲评价得分均介于4.25~4.75分之间，与幼儿园其他方面的评价得分相比，各文化程度的父亲对该方面的评价得分较低。

不同文化程度的父亲对孩子所在幼儿园的总体评价情况如图 3-28 和图 3-29 所示。

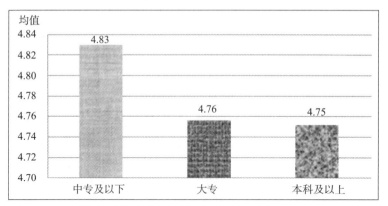

图 3-28 不同文化程度的父亲对孩子所在幼儿园的总体评价得分情况

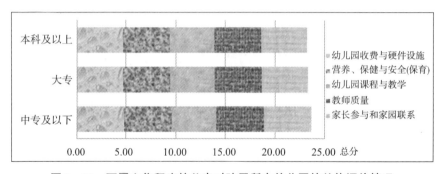

图 3-29 不同文化程度的父亲对孩子所在幼儿园的总体评价情况

（2）不同文化程度的母亲对孩子所在幼儿园的总体评价情况。由调查结果可知，在家长对孩子所在幼儿园的总体评价得分上，不同文化程度的母亲对孩子所在幼儿园的总体评价没有差别，各文化程度（中专及以下、大专、本科及以上）的母亲对幼儿园的评价得分均高于 4.75 分，得分很高，评价很好。

就家长对幼儿园进行评价的不同方面而言，在幼儿园收费与硬件设施、家长参与和家园联系上，中专及以下文化程度的母亲对幼儿园的评价得分均高于 4.75 分，得分很高，对幼儿园这几个方面的评价都很好；而大专和本科及以上文化程度的母亲对这些方面的评价得分稍低，得分均介于 4.25 ~ 4.75 分之间，得分较高，评价较好。在营养、保健与安全（保育）和教师质量方面，中专及以下和大专文化程度的母亲对此的评价得分稍高，均高于4.75分，评价很好，而本科及以上文化程度的母亲评价得分介于4.25~4.75分之间，得分较高，评价较高。在幼儿园课程与教学方面，本科及以上文化程度的母亲评价得分稍高，均高于4.75分，评价很好，而中专及以下和大专文化程度的母亲对此方面的评价得分均介于4.25~4.75分之间。

不同文化程度的母亲对孩子所在幼儿园的总体评价得分情况如图3-30和图3-31所示。

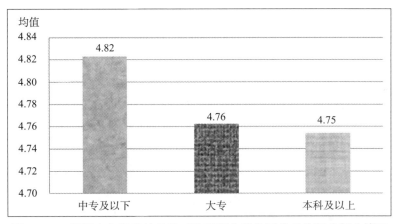

图3-30 不同文化程度的母亲对孩子所在幼儿园的总体评价得分情况

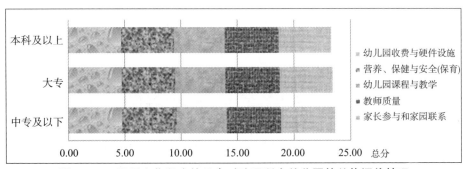

图3-31 不同文化程度的母亲对孩子所在幼儿园的总体评价情况

（3）不同文化程度父亲的孩子入园后不同领域的发展情况。调查结果显示，不同文化程度父亲的幼儿入园后在各个领域的发展得分均高于3.25分，得分较高，说明不同文化程度父亲的幼儿入园后在各个领域的发展较入园前都有所提高。具体而言，在健康领域、语言领域、社会领域和科学领域，不同文化程度父亲的幼儿得分均高于 3.75 分，得分很高，说明幼儿较入园前在这些领域的发展都有较大提高；在艺术领域，本科及以上文化程度父亲的孩子在该领域的得分较高，高于 3.75 分，与入园前相比，幼儿在此领域的发展有较大提高，而文化程度为中专及以下和大专的父亲的幼儿得分次之，在该领域的得分均介于 3.25～3.75 分之间，说明与入园前相比，幼儿在此领域的发展略有提高；在学习品质方面，不同文化程度父亲的幼儿得分均介于 3.25～3.75 分之间，说明与入园前相比，幼儿在该领域的发展略有提高。

不同文化程度父亲的孩子入园后不同领域的发展情况如图 3-32 所示。

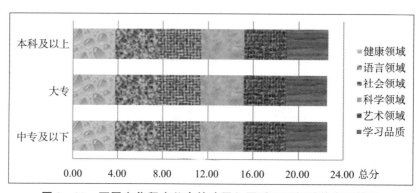

图 3-32　不同文化程度父亲的孩子入园后不同领域的发展情况

（4）不同文化程度母亲的孩子入园后不同领域的发展情况。调查结果显示，不同文化程度母亲的幼儿入园后在各个领域的发展得分均高于 3.25 分，得分较高，说明不同文化程度母亲的幼儿入园后在各个领域的发展较入园前都有所提高。具体而言，在健康领域、语言领域、社会领域和科学领域，不同文化程度母亲的幼儿得分均高于 3.75 分，得分很高，说明幼儿较入园前在这些领域的发展都有较大提高；在艺术领域，本科及以上文化程度母亲的孩子在该领域的得分较高，高于 3.75 分，与入园前相比，幼儿在此领域的发展有较大提高，而文化程度为中专及以下和大专的母亲的幼儿得分次之，在该领域的得分均介于3.25~3.75分之间，说明与入园前相比，幼儿在此领域的发展略有提高；在学习品质方面，不同文化程度母亲的幼儿得分均介于3.25~3.75分之间，说明与入园前相比，幼儿在该领域的发展略有提高。

不同文化程度母亲的孩子入园后不同领域的发展情况如图3-33所示。

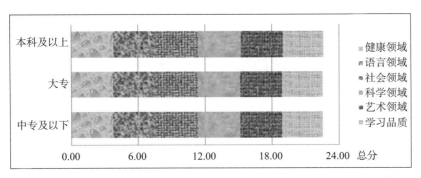

图3-33 不同文化程度母亲的孩子入园后不同领域的发展情况

（5）不同文化程度的父亲2015年参加过的亲子班或辅导班情况。就2015年家长参加过（或正在参加）的亲子班或辅导班的情况而言，调查数据表明，不同文化程度的父亲所参加的辅导班情况基本相同，书画类辅导班、舞蹈辅导班、数学辅导班是参加人数最多的三个辅导班，而声乐辅导班的参加人数最少。

具体而言，在不同文化程度的父亲中，参加书画类辅导班的人数均是最多的，所占比例分别为25.1%、35.5%、41.9%，其次是参加舞蹈辅导班的人数，所占比例分别为24.6%、27.6%、30.6%，再次是参加数学辅导班的人数，所占比例分别为20.4%、20.7%、21.8%，而参加声乐辅导班的人数均是最少的，所占比例分别为3.8%、3.9%、4.3%。

不同文化程度的父亲2015年参加过（或正在参加）的亲子班或辅导班情况如图3-34所示。

（6）不同文化程度的母亲2015年参加过的亲子班或辅导班情况。就2015年家长参加过（或正在参加）的亲子班或辅导班的情况

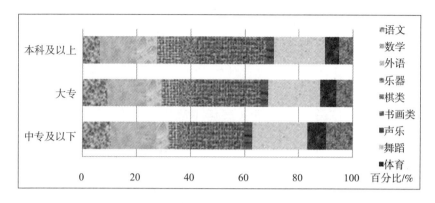

图3-34 不同文化程度的父亲2015年参加过（或正在参加）的亲子班或辅导班情况

而言，调查数据表明，不同文化程度的母亲所参加的辅导班情况基本相同，书画类辅导班、舞蹈辅导班、数学辅导班是参加人数最多的三个辅导班，而声乐辅导班的参加人数最少。

具体而言，在不同文化程度的母亲中，参加书画类辅导班的人数均是最多的，所占比例分别为25.7%、34.2%、44.2%，其次是参加舞蹈辅导班的人数，所占比例分别为24.7%、28.5%、30.4%，再次是参加数学辅导班的人数，所占比例分别为21.2%、18.6%、21.3%，文化程度为中专及以下的母亲中参加棋类辅导班的人数最少（所占比例为3.9%），文化程度为大专、本科及以上的母亲中参加声乐辅导班的人数最少，所占比例分别为3.4%和4.5%。

不同文化程度的母亲2015年参加过（或正在参加）的亲子班或辅导班情况如图3-35所示。

（7）对孩子学历的期望程度。在不同文化程度的父亲中，希望孩子学历达到大学本科的人数是最多的，分别占各文化程度（中专及以下、大专、本科及以上）的幼儿父亲总人数的54.7%、49.3%、35.0%。另外，希望孩子取得硕士和博士学位的也占了相当大的比例，只有极少数对孩子学历的要求是大专程度或以下。具体而言，文化程度为中专及以下的幼儿父亲中，希望孩子取得硕士和博士学位的分别占16.5%和25.4%，总计41.9%；文化程度为大专的父亲

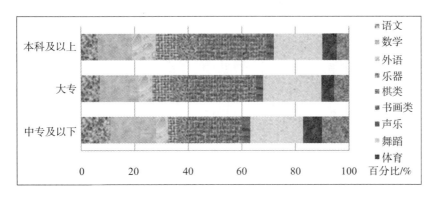

图 3-35 不同文化程度的母亲 2015 年参加过（或正在参加）的亲子班或辅导班情况

中，希望孩子取得硕士和博士学位的分别占 26.2% 和 23.3%，总计 49.5%；文化程度为本科及以上的父亲中，希望孩子取得硕士和博士学位的分别占 40.4% 和 22.6%，总计 63.0%。由上述结果可知，父亲的文化程度越高，对自己孩子的教育期望也越高。

不同文化程度的父亲对孩子学历的期望程度如图 3-36 所示。

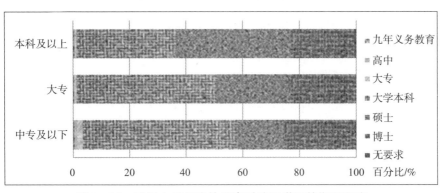

图 3-36 不同文化程度的父亲对孩子学历的期望程度

在不同文化程度的母亲中，希望孩子学历达到大学本科的人数是最多的，分别占各文化程度（中专及以下、大专、本科及以上）的幼儿母亲总人数的 54.8%、48.0%、33.0%。另外，希望孩子取得硕士和博士学位的也占了相当大的比例，只有极少数对孩子学历的要求是大专程度或以下。具体而言，文化程度为中专及以下的幼儿母亲中，希望孩子取得硕士和博士学位的分别占 16.1% 和 25.6%，总计41.7%；文化程度为大专的母亲中，希望孩子取得硕士和博士学位的分别占29.2%和21.9%，总计51.1%；文化程度为本科及以上的母亲中，希望孩子取得硕士和博士学位的分别占42.2%和23.1%，总计65.3%。由上述结果可知，母亲的文化程度越高，对自己孩子的教育期望也越高。

不同文化程度的母亲对孩子学历的期望程度如图3-37所示。

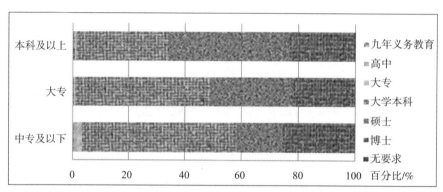

图3-37　不同文化程度的母亲对孩子学历的期望程度

（8）第一在乎孩子的发展方面。对于不同文化程度的幼儿父亲而言，关于家长第一在乎孩子在幼儿园的发展方面，主要集中在"习惯和学习品质的养成"和"身心健康"上。其中，各文化程度的幼儿父亲第一在乎孩子在"习惯和学习品质的养成"方面发展的人数均是最多的，所占比例分别为50.4%、49.3%、47.7%；其次是第一在乎孩子在"身心健康"方面的人数，所占比例分别为40.8%、43.0%、45.9%。

不同文化程度的父亲第一在乎孩子的发展方面情况如图3-38所示。

对于不同文化程度的幼儿母亲而言，关于家长第一在乎孩子在幼儿园的发展方面，主要集中在"习惯和学习品质的养成"和"身心健康"上。其中，文化程度为中专及以下和大专的幼儿母亲第一在乎孩子在"习惯和学习品质的养成"方面发展的人数是最多的，所占比例分别为50.6%、49.2%，其次是第一在乎孩子在"身心健康"方面的人数，所占比例分别为40.8%、43.1%；而文化程度为

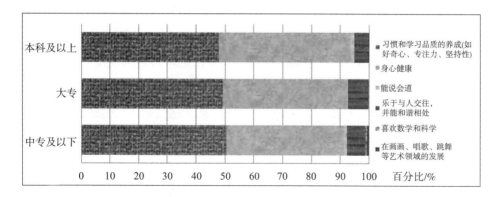

图 3-38 不同文化程度的父亲第一在乎孩子的发展方面情况

本科及以上文化程度的母亲第一在乎孩子在"习惯和学习品质的养成"和"身心健康"方面发展的人数相同,所占比例均为 46.8%。

不同文化程度的母亲第一在乎孩子的发展方面情况如图 3-39 所示。

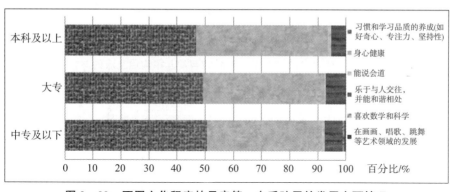

图 3-39 不同文化程度的母亲第一在乎孩子的发展方面情况

调查结果表明,不同文化程度的父亲和母亲都十分重视孩子良好习惯和学习品质的养成,以及身心的健康发展。

(9) 希望与幼儿园沟通合作的方式。调查结果显示,关于多种与幼儿园沟通合作的方式,在不同文化程度的幼儿父亲中,希望"通过家园联系本、微信、电话等交流""接送孩子时与教师交谈""观摩幼儿园的教育活动""教育讲座或开家长会"等方式与幼儿园进行沟通合作的人数最多。其中,文化程度为中专及以下的幼儿父亲中选择人数最多的前四种沟通方式依次是"通过家园联系本、微信、电话等交流""接送孩子时与教师交谈""教育讲座或开家长会""观摩幼儿园的教育活动";而文化程度为大专和本科及以上的幼儿父亲中选择人数最多的前四种沟通方式依次是"通过家园联系本、微信、电话等交流""接送孩子时与教师交谈""观摩幼儿园的教育活动""教育讲座或开家长会"。

不同文化程度的父亲希望与幼儿园沟通交流的方式如图3-40所示。

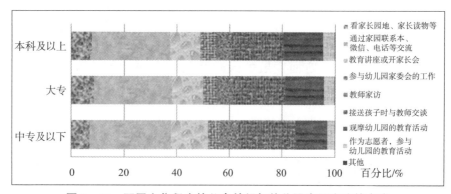

图3-40　不同文化程度的父亲希望与幼儿园沟通交流的方式

调查结果显示,关于多种与幼儿园沟通合作的方式,在不同文化程度的幼儿母亲中,希望"通过家园联系本、微信、电话等交流""接送孩子时与教师交谈""观摩幼儿园的教育活动""教育讲座或开家长会"等方式与幼儿园进行沟通合作的人数最多。其中,文化程度为中专及以下的幼儿母亲中选择人数最多的前四种沟通方式依次是"通过家园联系本、微信、电话等交流""接送孩子时与教师交谈""教育讲座或开家长会""观摩幼儿园的教育活动";而文化程度为大专和本科及以上的幼儿母亲中选择人数最多的前四种沟通方式依次是"通过家园联系本、微信、电话等交流""接送孩子时与教师交谈""观摩幼儿园的教育活动""教育讲座或开家长会"。

不同文化程度的母亲希望与幼儿园沟通交流的方式如图3-41所示。

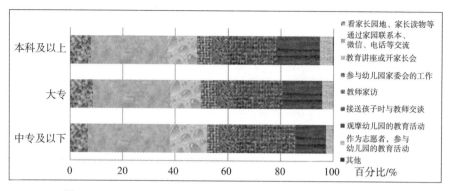

图3-41 不同文化程度的母亲希望与幼儿园沟通交流的方式

5. 不同职业的家长的统计分析

由于职业类别较多,为便于处理,本研究中以样本量较多的职业"工人(生产、运输设备操作),个体户,一般管理及办事人员,商业、服务业人员,无业、失业、下岗人员,专业技术人员,进城务工人员"为分析对象进行统计分析。

(1)不同职业的父亲对孩子所在幼儿园的总体评价情况。由调查结果可知,在家长对孩子所在幼儿园的总体评价得分上,不同职业的父亲对孩子所在幼儿园的总体评价没有差别,各类职业的父亲对幼儿园的评价得分均高于4.75分,得分很高,评价很好。

就家长对幼儿园进行评价的不同方面而言,在幼儿园收费与硬件设施,营养、保健与安全(保育),家长参与和家园联系上,职业为个体户、工人、进城务工工人,以及无业、失业、下岗人员的父亲对幼儿园的评价得分均高于4.75分,得分很高,对幼儿园这几个方面的评价都很好;而职业为专业技术人员,一般管理及办事人员,以及商业、服务业人员的父亲对这些方面的评价得分稍低,得分均介于4.25~4.75分之间,得分较高,评价较好。在教师质量方面,除职业为专业技术人员和无业、失业、下岗人员的父亲在该方面的评价得分介于4.25~4.75分之间,为得分较高,评价较好外,其他职业的父亲对此的评价得分均高于4.75分,评价很好。在幼儿园课程与教学方面,不同职业的父亲评价得分均介于4.25~4.75分之间，与幼儿园其他方面的评价得分相比，各职业的父亲对该方面的评价得分均较低。

不同职业的父亲对孩子所在幼儿园评价情况如图3-42和图3-43所示。

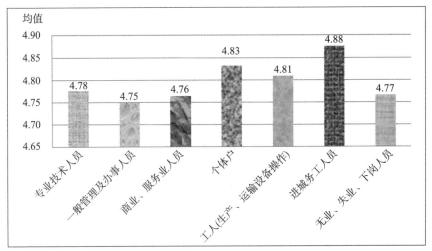

图3-42　不同职业的父亲对孩子所在幼儿园的总体评价得分情况

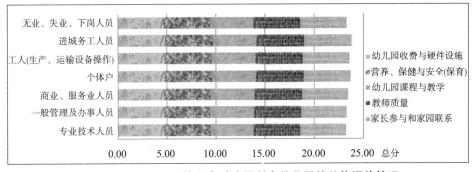

图3-43　不同职业的父亲对孩子所在幼儿园的总体评价情况

（2）不同职业的母亲对孩子所在幼儿园的总体评价情况。由调查结果可知，在家长对孩子所在幼儿园的总体评价得分上，不同职业的母亲对孩子所在幼儿园的总体评价略有差别，除职业为一般管理及办事人员和商业、服务业人员的母亲总体评价得分介于4.25~4.75分之间，为得分较高，评价较好外，其他职业的母亲对幼儿园的评价得分均高于4.75分，得分很高，评价很好。

就家长对幼儿园进行评价的不同方面而言,在幼儿园收费与硬件设施,营养、保健与安全(保育),教师质量,家长参与和家园联系上,职业为个体户、工人、进城务工人员,以及无业、失业、下岗人员的母亲对幼儿园的评价得分均高于4.75分,得分很高,对幼儿园这几个方面的评价都很好;而职业为专业技术人员,一般管理及办事人员,以及商业、服务业人员的母亲对这些方面的评价得分稍低,得分均介于4.25~4.75分之间,得分较高,评价较好。在幼儿园课程与教学方面,不同职业的母亲评价得分均介于4.25~4.75分之间,与幼儿园其他方面的评价得分相比,各职业的母亲对该方面的评价得分均较低。

不同职业的母亲对孩子所在幼儿园的总体评价得分情况如图3-44和图3-45所示。

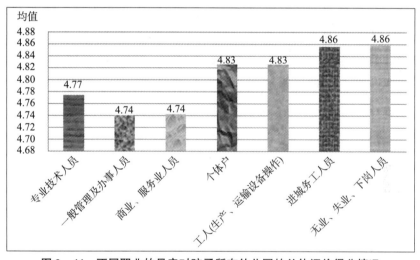

图3-44 不同职业的母亲对孩子所在幼儿园的总体评价得分情况

(3)不同职业父亲的孩子入园后不同领域的发展情况。调查结果显示,不同职业父亲的幼儿入园后在各个领域的发展得分均高于3.25分,得分较高,说明不同文化程度父亲的幼儿入园后在各个领域的发展较入园前都有所提高。具体而言,在健康领域、语言领域和科学领域,除了职业为商业、服务业人员的父亲对幼儿在这些领域的评价得分介于3.25~3.75分之间外,其他职业父亲的幼儿得分均高于3.75

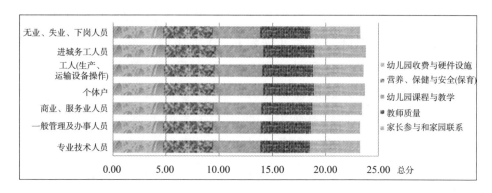

图 3-45 不同职业的母亲对孩子所在幼儿园的总体评价情况

分,得分很高,说明这些父亲认为其幼儿较入园前在这些领域的发展都有较大提高;在社会领域,各类职业的父亲对幼儿在该领域的评价得分均高于 3.75 分,得分很高,说明与入园前相比,所有被调查的父亲都认为孩子在该领域的发展有较大提高;在艺术领域,仅职业为个体户、工人,以及无业、失业、下岗人员的父亲对孩子在该领域的得分较高,高于 3.75 分,认为与入园前相比,其幼儿在此领域的发展有较大提高,而其他职业的父亲对幼儿的评价得分均介于 3.25~3.75 分之间;在学习品质方面,不同职业的父亲对幼儿的评价得分均介于 3.25~3.75 分之间,说明不同职业的父亲都认为与入园前相比,幼儿在该领域的发展略有提高。

不同职业父亲的孩子入园后不同领域的发展情况如图 3-46 所示。

(4) 不同职业母亲的孩子入园后不同领域的发展情况。调查结果显示,不同职业母亲的幼儿入园后在各个领域的发展得分均高于 3.25 分,得分较高,说明不同文化程度母亲的幼儿入园后在各个领域的发展较入园前都有所提高。具体而言,在健康领域和语言领域,除了职业为商业、服务业人员的母亲对幼儿在这些领域的评价得分介于 3.25~3.75 分之间外,其他职业母亲的幼儿得分均高于 3.75 分,得分很高,说明这些母亲认为其幼儿较入园前在这些领域的发展都有较大提高;在社会领域和科学领域,各类职业的母亲对幼儿在该领域的评价得分均高于 3.75 分,得分很高,说明与入园前相比,所有被调查的

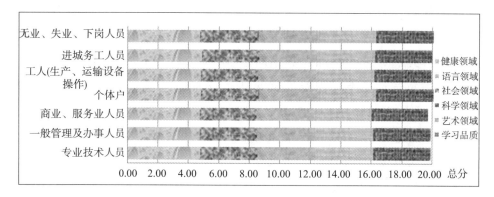

图 3-46 不同职业父亲的孩子入园后不同领域的发展情况

母亲都认为孩子在该领域的发展有较大提高;在艺术领域,除职业为一般管理及办事人员,商业、服务人员,以及无业、失业、下岗人员的母亲对孩子在该领域的得分稍低,介于 3.25~3.75 分之间外,其他职业的母亲对幼儿的评价得分均高于 3.75 分,得分很高,说明与入园前相比,所有被调查的母亲都认为孩子在该领域的发展有较大提高;在学习品质方面,不同职业的母亲对幼儿的评价得分均介于 3.25~3.75 分之间,说明不同职业的母亲都认为与入园前相比,幼儿在该领域的发展略有提高。

不同职业母亲的孩子入园后不同领域的发展情况如图 3-47 所示。

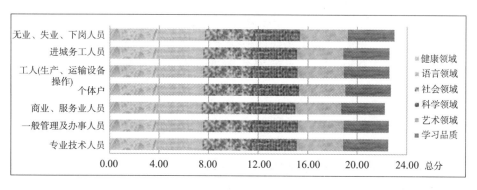

图 3-47 不同职业母亲的孩子入园后不同领域的发展情况

(5) 不同职业的父亲 2015 年参加过的亲子班或辅导班情况。就 2015 年家长参加过(或正在参加)的亲子班或辅导班的情况而言,调查数据表明，不同职业的父亲所参加的辅导班情况基本相同，书画类辅导班、舞蹈辅导班、数学辅导班是参加人数最多的三个辅导班，而声乐和棋类辅导班的参加人数相对较少。

具体而言，在不同职业的父亲中，参加书画类辅导班的人数均是最多的，所占比例分别为37.0%、36.5%、40.7%、30.9%、23.8%、20.5%、23.3%，其次是参加舞蹈辅导班的人数，所占比例分别为28.7%、29.1%、35.0%、25.4%、23.6%、20.1%、13.3%，再次是参加数学辅导班的人数，所占比例分别为22.2%、22.4%、26.0%、23.7%、14.5%、17.6%、13.3%；除职业为进城务工人员，以及无业、失业、下岗人员的父亲中参加棋类辅导班的人数最少（所占比例均为3.3%）外，其他各职业的父亲中参加声乐辅导班的人数均是最少的，所占比例分别为5.4%、2.3%、3.3%、2.5%、3.4%。

不同职业的父亲2015年参加过（或正在参加）的亲子班或辅导班情况如图3-48所示。

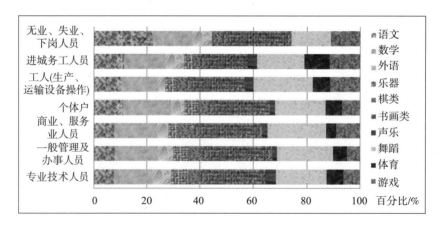

图3-48 不同职业的父亲2015年参加过（或正在参加）的亲子班或辅导班情况

（6）不同职业的母亲2015年参加过的亲子班或辅导班情况。就2015年家长参加过（或正在参加）的亲子班或辅导班的情况而言，调查数据表明，不同职业的母亲所参加的辅导班情况基本相同，书画类辅导班、舞蹈辅导班、数学辅导班是参加人数最多的三个辅导班，而声乐和棋类辅导班的参加人数相对较少。

具体而言,除职业为商业、服务业人员的母亲外,在其他不同职业的母亲中,参加书画类辅导班的人数均是最多的,所占比例分别为40.6%、37.2%、30.9%、22.9%、22.7%、26.9%,其次是参加舞蹈辅导班的人数,所占比例分别为31.0%、28.1%、25.7%、26.6%、22.3%、21.5%,再次是参加数学辅导班的人数,所占比例分别为23.0%、23.2%、21.1%、14.5%、19.4%、19.5%;职业为商业、服务业人员的母亲中参加书画类辅导班的人数是最多的,占37.8%,其次是参加数学辅导班的人数,占30.1%,再次是参加舞蹈辅导班的人数,占27.8%;除职业为工人的母亲中参加外语辅导班的人数最少(所占比例均为2.9%)外,其他各职业的母亲中参加人数最少的均为声乐辅导班,所占比例分别为7.1%、3.8%、2.7%、2.5%、4.5%、1.0%。

不同职业的母亲2015年参加过(或正在参加)的亲子班或辅导班情况如图3-49所示。

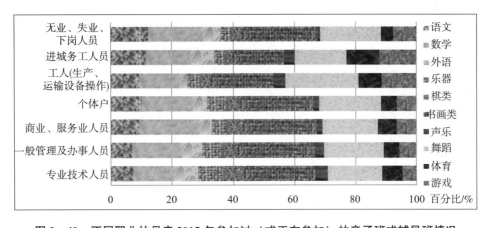

图3-49 不同职业的母亲2015年参加过(或正在参加)的亲子班或辅导班情况

(7)对孩子学历的期望程度。在不同职业的父亲中,希望孩子学历达到大学本科的人数是最多的,分别占各类职业的幼儿父亲总人数的42.4%、43.5%、52.0%、54.0%、57.7%、55.7%、46.7%。另外,希望孩子取得硕士和博士学位的也占了相当大的比例,只有极少数对孩子学历的要求是大专程度或以下。具体而言,各类职业的幼儿父亲中,希望孩子取得硕士学位的家长分别占30.0%、32.8%、25.2%、

20.3%、15.8%、12.5%、30.0%；希望孩子取得博士学位的家长分别占25.4%、22.1%、20.3%、24.2%、22.8%、27.8%、16.7%。

不同职业的父亲对孩子学历的期望程度如图3-50所示。

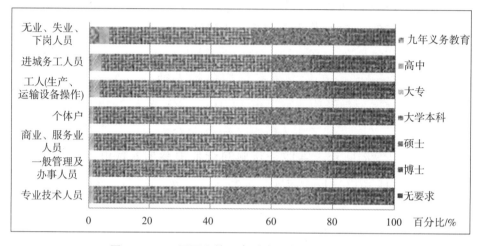

图3-50 不同职业的父亲对孩子学历的期望程度

在不同职业的母亲中，希望孩子学历达到大学本科的人数是最多的，分别占各类职业的幼儿母亲总人数的39.3%、37.7%、54.8%、53.9%、56.8%、54.5%、55.2%。另外，希望孩子取得硕士和博士学位的也占了相当大的比例，只有极少数对孩子学历的要求是大专程度或以下。具体而言，各类职业的幼儿母亲中，希望孩子取得硕士学位的分别占32.2%、37.2%、21.1%、20.1%、15.4%、12.8%、19.2%；希望孩子取得博士学位的分别占26.4%、23.8%、23.4%、23.3%、23.9%、27.3%、23.9%。

不同职业的母亲对孩子学历的期望程度如图3-51所示。

（8）第一在乎孩子的发展方面。对于不同职业的幼儿父亲而言，关于第一在乎孩子在幼儿园的发展方面，主要集中在"习惯和学习品质的养成"和"身心健康"上。其中，各类职业的幼儿父亲第一在乎孩子在"习惯和学习品质的养成"方面发展的人数均是最多的，所占比例分别为45.2%、50.8%、50.4%、50.8%、48.6%、53.8%、73.3%；其次是在乎孩子在"身心健康"方面的人数，所占比例分别

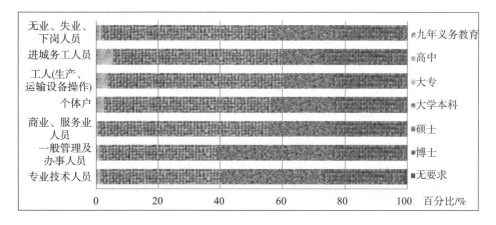

图 3-51 不同职业的母亲对孩子学历的期望程度

为 46.1%、41.5%、41.5%、40.2%、45.5%、37.4%、23.3%。

不同职业的父亲第一在乎孩子的发展方面情况如图 3-52 所示。

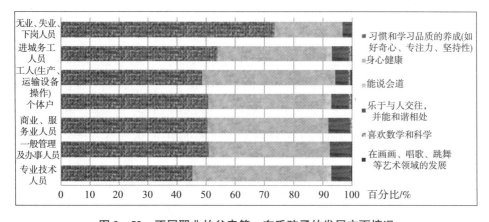

图 3-52 不同职业的父亲第一在乎孩子的发展方面情况

对于不同职业的幼儿母亲而言，关于第一在乎孩子在幼儿园的发展方面，主要集中在"习惯和学习品质的养成"和"身心健康"上。其中，各类职业的幼儿母亲第一在乎孩子在"习惯和学习品质的养成"方面发展的人数均是最多的，所占比例分别为 47.7%、48.1%、48.2%、48.0%、49.7%、56.6%、49.8%；其次是在乎孩子在"身心健康"方面的人数，所占比例分别为 46.0%、44.3%、44.1%、43.1%、43.0%、36.4%、40.7%。

不同职业的母亲第一在乎孩子的发展方面情况如图 3-53 所示。

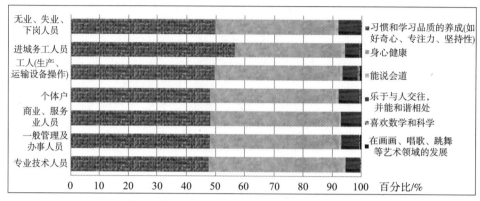

图 3-53 不同职业的母亲第一在乎孩子的发展方面情况

（9）希望与幼儿园沟通合作的方式。调查结果显示，关于多种与幼儿园沟通合作的方式，在不同职业的幼儿父亲中，希望"通过家园联系本、微信、电话等交流""接送孩子时与教师交谈""观摩幼儿园的教育活动""教育讲座或开家长会"等方式与幼儿园进行沟通合作的家长人数最多。其中，职业为专业技术人员，一般管理及办事人员，商业、服务业人员，个体户的幼儿父亲中选择人数最多的前四种沟通方式依次是"通过家园联系本、微信、电话等交流""接送孩子时与教师交谈""观摩幼儿园的教育活动""教育讲座或开家长会"；而职业为工人，进城务工人员，以及无业、失业、下岗人员的幼儿父亲中选择人数最多的前四种沟通方式依次是"通过家园联系本、微信、电话等交流""接送孩子时与教师交谈""教育讲座或开家长会""观摩幼儿园的教育活动"。

不同职业的父亲希望与幼儿园沟通交流的方式如图 3-54 所示。

调查结果显示，关于多种与幼儿园沟通合作的方式，在不同职业的幼儿母亲中，希望"通过家园联系本、微信、电话等交流""接送孩子时与教师交谈""观摩幼儿园的教育活动""教育讲座或开家长会"等方式与幼儿园进行沟通合作的家长人数最多。其中，职业为专业技术人员，一般管理及办事人员，商业、服务业人员，以及无业、失业、下岗人员的幼儿母亲中选择人数最多的前四种沟通方式依次是

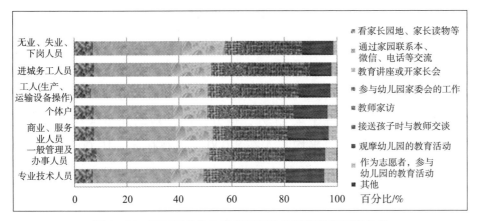

图 3-54　不同职业的父亲希望与幼儿园沟通交流的方式

"通过家园联系本、微信、电话等交流""接送孩子时与教师交谈""观摩幼儿园的教育活动""教育讲座或开家长会";而职业为个体户,工人,进城务工人员的幼儿母亲中选择人数最多的前四种沟通方式依次是"通过家园联系本、微信、电话等交流""接送孩子时与教师交谈""教育讲座或开家长会""观摩幼儿园的教育活动"。

不同职业的母亲希望与幼儿园沟通交流的方式如图 3-55 所示。

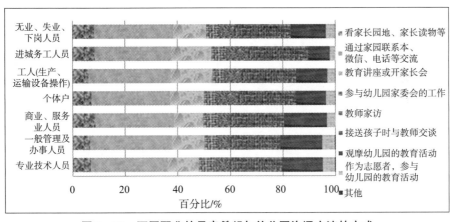

图 3-55　不同职业的母亲希望与幼儿园沟通交流的方式

6. 不同家庭月平均收入的家长统计分析

(1) 不同家庭月平均收入的家长对孩子所在幼儿园的总体评价情况。由调查结果可知,在家长对孩子所在幼儿园的总体评价得分上,不同家庭月平均收入的家长对孩子所在幼儿园的总体评价没有差别,评价得分均高于4.75分，得分很高，评价很好。

就家长对幼儿园进行评价的不同方面而言，在幼儿园收费与硬件设施，营养、保健与安全（保育）上，家庭月平均收入在2 000元及以下、2 000～5 000元、5 000～8 000元、15 000～20 000元的家长对幼儿园的评价得分均高于4.75分，得分很高，对幼儿园这几个方面的评价都很好；而家庭月平均收入在8 000～10 000元、10 000～15 000元、20 000～50 000元、50 000元及以上的家长对这些方面的评价得分稍低，得分均介于4.25～4.75分之间，得分较高，评价较好。在教师质量方面，除家庭月平均收入在10 000～15 000元和20 000～50 000元的家长对该方面的评价得分介于4.25～4.75分之间，为得分较高，评价较好外，其他家庭月平均收入的家长对此的评价得分均高于4.75分，评价很好。在家长参与和家园联系方面，除家庭月平均收入在2 000元及以下、2 000～5 000元和50 000元以上的家庭对此的评价得分高于4.75分外，其他家庭月平均收入的家长对此的评价得分均介于4.25～4.75分之间，得分较高，评价较好。在幼儿园课程与教学方面，不同家庭月平均收入的家长对此的评价得分均介于4.25～4.75分之间。

不同家庭月平均收入的家长对孩子所在幼儿园的总体评价情况如图3-56和图3-57所示。

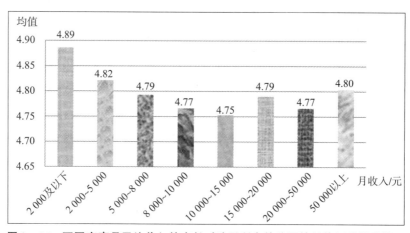

图3-56　不同家庭月平均收入的家长对孩子所在幼儿园的总体评价得分情况

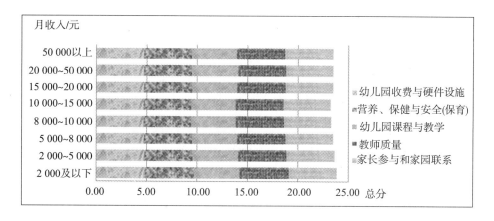

图 3-57　不同家庭月平均收入的家长对孩子所在幼儿园的总体评价情况

（2）不同家庭月平均收入的孩子入园后不同领域的发展情况。调查结果显示，不同家庭月平均收入的家长对其幼儿入园后在各个领域的发展得分均高于 3.25 分，得分较高，说明不同家庭月平均收入的幼儿入园后在各个领域的发展较入园前都有所提高。具体而言，在健康领域、社会领域和科学领域，不同家庭月平均收入的家长对其幼儿在这些领域的发展得分均高于 3.75 分，得分很高，说明这些家长认为其幼儿较入园前在这些领域的发展都有较大提高；在语言领域，除家庭月平均收入在 10 000～15 000 元和 15 000～20 000 元的家长对其幼儿的评价得分介于 3.25～3.75 分之间外，其他不同家庭月平均收入水平的家长对幼儿在该领域的评价得分均高于 3.75 分，得分很高，说明与入园前相比，所有被调查的家长都认为孩子在该领域的发展有较大提高；在艺术领域，仅家庭月平均收入在 2 000 元及以下和 2 000～5 000 元的家长对孩子在该领域的评价得分较高，高于 3.75 分，认为与入园前相比，其幼儿在此领域的发展有较大提高，而其他家庭月平均收入水平的家长对幼儿的评价得分均介于 3.25～3.75 分之间；在学习品质方面，不同家庭月平均收入水平的家长对幼儿的评价得分均介于 3.25～3.75 分之间，说明所有家庭月平均收入水平的家长都认为与入园前相比，幼儿在该领域的发展略有提高。

不同家庭月平均收入的孩子入园后不同领域的发展情况如图3-58所示。

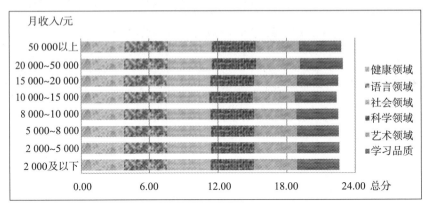

图3-58　不同家庭月平均收入的孩子入园后不同领域的发展情况

（3）不同家庭月平均收入的家长2015年参加过的亲子班或辅导班情况。就2015年家长参加过（或正在参加）的亲子班或辅导班的情况而言，调查数据表明，不同家庭月平均收入水平的家长所参加的辅导班情况基本相同，书画类辅导班、舞蹈辅导班、数学辅导班是参加人数最多的三个辅导班，而声乐和棋类辅导班的参加人数相对较少。

具体而言，在家庭月平均收入水平为2 000元及以下的家长中，参加舞蹈辅导班的人数是最多的，所占比例为22.9%，其次是参加书画类辅导班的人数，占19.8%，再次是参加数学辅导班的人数，占14.5%；在家庭月平均收入水平为8 000~10 000元及以下的家长中，参加书画类辅导班的人数是最多的，所占比例为36.5%，其次是参加数学辅导班的人数，占25.3%，再次是参加舞蹈辅导班的人数，占23.4%；其他不同家庭月平均收入水平的家长中，参加书画类辅导班的人数是最多的，所占比例分别为26.8%、31.1%、34.8%、36.0%、34.0%、37.7%，其次是参加舞蹈辅导班的人数，所占比例分别为25.4%、26.7%、27.4%、30.7%、35.1%、39.3%，再次是参加数学辅导班的人数，所占比例分别为19.4%、19.1%、23.9%、20.2%、27.7%、27.9%。

不同家庭月平均收入的家长 2015 年参加过（或正在参加）的亲子班或辅导班情况如图 3-59 所示。

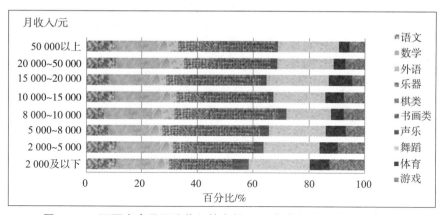

图 3-59　不同家庭月平均收入的家长 2015 年参加过（或正在参加）的亲子班或辅导班情况

（4）对孩子学历的期望程度。在不同家庭月平均收入水平的家长中，希望孩子学历达到大学本科的家长人数是最多的，分别占各类家长总人数的 60.3%、56.0%、50.4%、40.1%、36.1%、43.9%、46.8%、39.3%。另外，希望孩子取得硕士和博士学位的家长也占了相当大的比例，只有极少数的家长对孩子学历的要求是大专程度或以下。具体而言，不同家庭月平均收入水平的家长中，希望孩子取得硕士学位的家长分别占 12.2%、17.2%、24.3%、32.8%、33.5%、21.1%、24.5%、29.5%；希望孩子取得博士学位的家长分别占 22.9%、22.5%、23.9%、26.0%、27.4%、32.5%、26.6%、31.1%。

不同家庭月平均收入的家长对孩子学历的期望程度如图 3-60 所示。

（5）第一在乎孩子的发展方面。对于不同家庭月平均收入水平的家长而言，关于家长第一在乎孩子在幼儿园的发展方面，主要集中在"习惯和学习品质的养成"和"身心健康"上。其中，家庭月平均收入在 8 000~10 000 元和 10 000~15 000 元的家长第一在乎孩子在"身心健康"方面发展的人数是最多的，所占比例分别为 49.0%、45.2%，其次是在乎孩子在"习惯和学习品质的养成"方面发展的人数，所占比

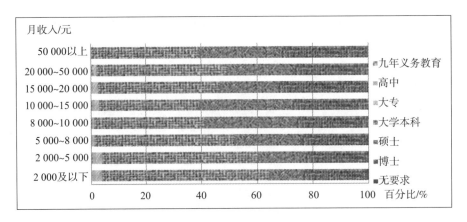

图 3-60 不同家庭月平均收入的家长对孩子学历的期望程度

例分别为 46.4%、43.9%；其他家庭月收入平均水平的家长第一在乎孩子在"习惯和学习品质的养成"方面发展的人数均是最多的，所占比例分别为 50.4%、52.8%、48.6%、46.4%、43.9%、55.3%、44.7%、45.9%，其次是在乎孩子在"身心健康"方面的人数，所占比例分别为 41.2%、40.0%、42.1%、49.0%、45.2%、40.4%、43.6%、32.8%。

不同家庭月平均收入的家长第一在乎孩子的发展方面情况如图 3-61 所示。

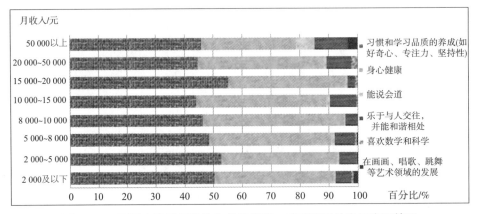

图 3-61 不同家庭月平均收入的家长第一在乎孩子的发展方面情况

(6) 希望与幼儿园沟通合作的方式。调查结果显示，关于多种与幼儿园沟通合作的方式，在不同家庭月平均收入的家长中，希望"通过家园联系本、微信、电话等交流""接送孩子时与教师交谈""观摩幼儿园的教育活动""教育讲座或开家长会"等方式与幼儿园进行沟通合作的家长人数最多。其中,家庭月平均收入为2 000元及以下和2 000~5 000元的家长中选择人数最多的前四种沟通方式依次是"通过家园联系本、微信、电话等交流""接送孩子时与教师交谈""教育讲座或开家长会""观摩幼儿园的教育活动";而其他家庭月平均收入水平的家长中选择人数最多的前四种沟通方式依次是"通过家园联系本、微信、电话等交流""接送孩子时与教师交谈""观摩幼儿园的教育活动""教育讲座或开家长会"。

不同家庭月平均收入的家长希望与幼儿园沟通交流的方式如图3-62所示。

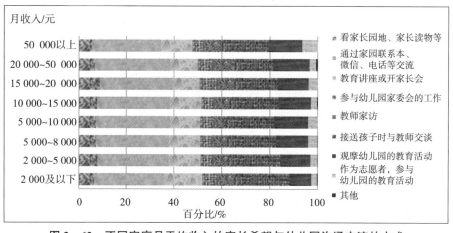

图3-62 不同家庭月平均收入的家长希望与幼儿园沟通交流的方式

三、政府主导的学前教育公共服务体系绩效分析

摘要 学前教育成为关系国计民生的公共服务,蕴含着价值判断,政府应成为扩大学前教育公共服务范围的主导者。本研究利用家长满意度对学前教育公共服务体系的成本分担、入学公平及幼儿园教育质量进行评价。结果表明,政府投资举办的公办幼儿园能显著降低家长育儿费用占家庭收入的比重;公办幼儿园发挥了保基本、广覆盖的作

用,本地农村户籍儿童大量进入普通公办幼儿园就学,民办幼儿园的存在给了本地城镇居民更多的就园选择;公办省优幼儿园家长的满意度及办园质量评价最高,民办省优幼儿园家长满意度最低,这表明政府在利用公办幼儿园引领学前教育质量提高的同时,还应关注民办幼儿园底线质量,通过市场机制让民办幼儿园和家长进行博弈,从而实现民办幼儿园质量的提升。

关键词 学前教育 公共服务 绩效分析

（一）问题提出

长期以来,我国政府对于学前教育的经费投入一直处于较低的水平。2010年我国学前教育财政投入仅占全国教育经费总投入的1.3%。这不仅跟发达国家高达10%的比例差距甚远,而且也远远落后于3.8%的世界平均水平。这种非常有限的学前教育公共财政经费还主要投向了城市少数公办幼儿园,大部分幼儿家长需全部承担日益增长的托儿服务和教育费用（刘焱,2009）。虽然政府可以运用不同的基本公共服务提供机制（如引入市场机制等）来节省投入并提高效率,但如果国家对学前教育的投入过低,那么不管运用何种先进的提供机制,都难以保障学前教育基本公共服务的质量。构建有质量的学前教育基本公共服务体系,政府必须增加财政投入,确保学前教育事业发展得到一定的经费支持（原晋霞,2013）。

我国学前教育经费投入长期不足,无法保证公平与均衡发展,这是一个客观事实,政府作为公共利益的维护者和公共服务的提供者需要对此进行回应,明确并落实政府在发展学前教育中的责任,维护学前教育的公平性、公益性和普惠性。《国家中长期教育改革和发展规划纲要（2010—2020年）》的出台再次明确了政府在学前教育事业发展中的责任,"建立政府投入、社会举办者投入、家庭合理负担的投入机制。"2010年11月发布的《国务院关于当前发展学前教育的若干意见》中明确了"地方政府是发展学前教育、解决'入园难'问题的责任主体",强调"各级政府要将学前教育经费列入财政预算"。由此可见，政府承担学前教育公共服务的责任是由国家法律法规规定的，只有政府将上述政策落实到位，才能真正形成"广覆盖、保基本"的学前教育公共服务体系。

近年来，我国学前教育财政投入增长显著，公共资金通过专项投入流入到公办幼儿园或普惠性民办幼儿园。在当前我国政府高度重视学前教育的背景下，问责功能也应该兼顾。从公共财政的有效性出发，在质量监测中有必要建立和完善对托幼机构的问责程序，保证质量监测对机构和个人的约束力，保证质量的整体提升，保证公共支出的效率和效益（刘颖 等，2016）。

学前教育的督导与评估是保证有效使用公共财政资金的必要手段，也是监测和改进学前教育质量的重要工具，在学前教育进入质量提升阶段受到了越来越多的重视。2012年教育部颁布《学前教育督导暂行办法》，进一步推动了各地学前教育督导评估的进展。然而目前的现实状况是学前教育的督导评估工作依然是政府职能中比较薄弱的部分，"以督促导、以评促建"的功能价值尚未充分发挥（李琳，2014）。对学前教育进行质量监测能实现多重功能，既可以为政府绩效问责提供必要依据，也能用于促进幼儿园和从业人员持续改进质量，还能为公众和科学决策提供信息。

（二）文献综述

1. 国际上学前教育的政府投入与质量监控

21世纪初，儿童早期教育成为经济学家、社会学家、宏观战略研究专家关注的重要课题。1999年OECD的教育政策分析指出，学前教育是终身学习的第一笔投资，是一项意义远大的政策援助。该年的学前教育总结报告的标题是《儿童早期教育与保育：从投资中获益最多的教育阶段》。2000年诺贝尔经济学奖获得者詹姆斯·赫克曼（James Heckman）在《促进人力资本的政策》一文中指出，在其他条件相同的情况下，幼儿时期对一个人投资1美元，将比在幼儿期之后投入同样的金额收益更大，将人力资本的投入直接指向幼儿是对社会公共资金更有效的利用。世界银行也认同"投资于早期儿童发展应该被优先考虑，这会带来高回报"。全球最著名的经济学家每4年会就最佳投资领域提出一次哥本哈根共识（Copenhagen Consensus），在2004年、2008年和2012年提出的共识都把儿童早期营养和对儿童的教育排在全球第一重要的投资领域。

早期儿童教育投资的回报也已被越来越多的研究所证实，儿童早期教育和保育是投资回报最高的教育阶段，学前教育投入是社会回报率最高的一项财政投入（Denboba，2014）。例如，美国高瞻佩里学前教育项目中的成本收益显示，在考虑通胀因素的情况下，实验组被试27岁时，对学前教育每投入1美元能够获得7.16美元的收益；实验组被试40岁时，学前教育投入的总体回报率已高达1∶17.07，其中对幼儿个人的回报率为1∶4.17，对社会的回报率为1∶12.9，这具体体现在社会福利、补偿教育、预防犯罪方面投入的降低及纳税的增加（Weikart，2001）。即使在不同的环境中，学前教育投资的一般收益也在2∶1和8∶1之间（Neuman，2013）。

学前教育基本公共服务的质量在很大程度上取决于政府对学前教育的公共财政投入数量。与后续阶段的教育相比，学前教育的投入回报具有时间上的迟滞性，因此，学前教育通过社会资本投入和家庭合理分担所能筹集到的经费相对有限，学前教育对政府财政投入有更强的依赖性（王水娟 等，2013）。衡量政府对学前教育事业发展重视程度的重要依据就是学前教育的公共财政投入。普及学前教育、提高学前教育质量、保障弱势儿童平等接受学前教育的权利等发展目标都需要政府投入大量的资金和其他资源进行支撑。世界银行、联合国教科文组织、经济合作与发展组织等国际组织都鼓励各国政府承担学前教育发展的责任、扩大对学前教育的财政投入，在为儿童提供高质量学前教育服务方面发挥越来越重要的作用。

很多国家将学前教育纳入公共服务的范畴，不少发达国家对学前教育的经费予以保证，通过加大公共财政投入行使其在教育和学前教育事业发展中的职能。OECD成员国用于学前教育机构的支出占GDP

比例最高达 0.9%，最低为 0.1%，平均水平为 0.4%，政府财政占三岁以上儿童的学前教育支出的比例平均高达 80.2%，基本形成了以公共投入为主的经费格局（OECD 2008 Education Glance）。很多发展中国家每年的学前教育公共投入也在不断提升。如古巴早期儿童保育与教育计划的资金 73.8% 来自公共资源；印度学前教育支出中 95.3% 来自公共资源；巴西主张实行全民免费教育制度，学前教育经费基本由政府负担。由此可见，政府财政投入已经成为国际社会发展学前教育、实现战略目标的重要支撑（庞丽娟 等，2013）。

大量实证研究都证明了学前教育能带来一系列的收益，其不但能对儿童后续学习和终身发展产生积极作用，而且还能产生巨大的经济效益和社会效益，但是是否产生正面效益及其产生的大小同学前教育质量有密切关系（Taguma，2012）。学前教育项目成本效益的元研究也发现，不同项目的投资回报比差异较大，那些高质量的项目才能产生高回报（Reynolds，2008）。因此，对有质量的学前教育的需求推动 OECD 国家对本国学前教育质量进行监测。

世界各国政府在制定学前教育发展战略与政策中逐渐把学前教育优质发展列为重要目标。如德国在《儿童日托优化法》《青少年福利法》等学前教育法律中规定"保证并提高学前教育质量是学前教育机构的法定义务"，以刚性的形式对学前教育机构的教育质量和教育主管部门的督导职责等进行了规定。美国素来关注学前教育质量，《2000 年目标：美国教育法》（Goals 2000：Educate America Act，1994）就明确提出，"要让所有美国儿童接受高质量的学前教育"。《2001—2005 年战略规划》明确指出，"所有儿童通过接受高质量的和恰当发展的学前教育为进入学校学习做准备"。奥巴马执政后，更将发展高质量学前教育，尤其是保障弱势儿童获得高质量学前教育，作为美国学前教育改革的目标之一，要为儿童提供所需的"高质量的早期教育经验"。印度不仅在《国家儿童政策》中提出"国家要逐步增加相关教育等服务的范围，以使所有儿童均衡成长，能享受到最优的条件"（National Policy for Children 1974），而且在《国家行动计划》中也对普及中的学前教育质量作出要求，进一步提出"普及学前教育，使所有儿童获得高质量的教育"。巴西的《国家教育计划》和《国家学前教育政策》中也专门针对学前教育质量作出明确规定，如"学前教育应在保证质量的前提下使所有孩子都受益，要进一步完善所提供的学前教育服务的质量""制定长期的普及学前教育服务质量标准，以此作为学前教育监督、控制和评价的参照，同时也作为提高学前教育质量的重要手段"等。国际社会和各国政府对学前教育质量的高度重视和不懈追求都可以从上述规定中得以体现。

由于很多国家没有认识到投资对于儿童的重要性，缺乏投资与收益关联性的研究证据，且投资中存在着投资过少、投资政策不合理等问题，使得早期儿童发展的政策制定与实施都未能达到人们的预期，未能为所有儿童提供公平入园的机会。只有提供高质量的学前教育才能带来高回报，同时不断增长的学前教育公共投入的效益也需要得到证明，这些都成为OECD国家关注学前教育质量监测的重要原因。问责、干预、支持政府决策、为公众提供信息、改善教师表现是各国开展质量监测的主要目的。《强势开端Ⅳ：学前教育质量监测系统》表明，OECD所调查的24个国家都在不断地加强学前教育质量监测，推动这项政策实践的主要是对学前教育公共投入的问责和对学前教育质量的关切，同时各国政府也期望在信息不对称的市场背景下，能够为家长提供有关学前教育质量的信息，以便其做出判断和选择。联合国教科文组织发布了2017-2018年全球教育质量监测报告《教育的责任：我们的承诺》，强调了各国政府有责任普及优质教育，并强调问责制对于实现这一目标不可或缺（UN，2018）。

2. 学前教育公共服务体系的普及、公平和高质量

通过对各国学前教育发展战略与重要政策，以及联合国教科文组织、经济合作与发展组织等国际组织公布的世界教育和学前教育发展报告等进行研究与分析可知，当今国际学前教育发展战略主要呈现"普及、公平和高质量"的特点与趋势，且世界主要国家和地区在实施学前教育发展战略时注重发挥政府的主导作用，并以公共财政为重要

支撑(庞丽娟 等,2013)。

(1) 学前教育普及入园成本。提供入园机会是普及学前教育的基础,因为没有入园的机会,就谈不上质量与儿童发展。而在大多数发展中国家的研究中,家庭收入与入园机会之间呈现直接的线性关系,如 Fuller 等(Fuller, Holloway & Liang, 1996)的研究表明:富有的家庭往往更早地将他们的孩子送进幼儿园。Chiswick 和 DebBurman(2004)发现,在控制其他影响因素的前提下,增加家庭收入会提高适龄儿童入园的可能性。美国人口普查局的数据显示,67% 获得学前教育的子女的家庭年收入超过 15 万美元,仅 35% 年收入低于 1 万美元的家庭子女将通过政府补给服务而获得学前教育机会(Bennett, 2008)。Foguel 等(Foguel & Veloso, 2014)的研究发现,巴西 4~6 岁儿童平均入园率为 73%,且家庭背景与入园率之间的相关度达 90%。

欧洲很多国家的家庭收入与适龄儿童入园情况没有表现出直接联系。大多数欧洲国家为本国所有 3~6 岁儿童提供了至少两年的免费教育,且被认定为是儿童从 3 岁开始所享受的法定权利,比利时和法国则从更早的年龄开始提供免费学前教育。据 2005 年 OECD 家庭数据库显示,意大利和法国的 3~6 岁儿童入学率已经达到 100% (Bennett, 2008)。

我国当前还缺乏全国层面关于入园机会与家庭收入关系的研究,现有研究大多集中于部分省市或部分儿童群体。基于中国健康与营养调查(CHNS)所含 9 个省份混合面板数据的研究表明,家庭收入每增加 1%,农村儿童的入园率将提高 0.078 个百分点,城市儿童的入园率将提高 0.076 个百分点(Gong, Xu & Han, 2015)。邢芸与胡咏梅(2015)关于流动儿童学前教育选择的研究发现,农业户籍、跨省迁移的家庭随迁子女入园机会更低;有教育储蓄的家庭,其随迁子女入园机会更高;而父母高学历、与子女同住等因素也在一定程度上提高了流动儿童的入园机会。

保障入园成本合理是构建有质量的学前教育基本公共服务体系的重点,因为入园成本的多少会影响到入园机会的实际可获得性,也会影响幼儿园教育质量（原晋霞，2013）。国家应保障所有适龄儿童获得基本的学前教育基本公共服务，其家庭所需支付的成本应大致合理，成本包括家庭所支付的经济成本及时间成本。

（2）学前教育的公平和均等。办人民满意的教育，首先需要保证教育机会分配的公平与公正，因此，基本公共服务均等化是一个具有理论和实践意义的命题。对于包括学前教育在内的各种社会服务，如果政府逃避供给责任，允许私人机构根据居民付费能力提供，必然会造成巨大的社会不公（贡森 等，2012）。

教育公平对社会公平起奠基作用，教育公平也是世界各国教育改革和发展的政策目标，为此，各国政府纷纷采取多种举措，以政府为主导强力推进学前教育公平，对弱势群体儿童平等接受学前教育的权利进行了明确的规定。首先，西方福利国家试图通过促进弱势群体子女平等接受学前保育服务来消除儿童贫困，打破贫困在代际间的传递，促进社会的稳定和发展。其次，有些发展中国家在学前教育发展规划中对儿童平等接受学前教育进行了明确规定，将促进学前教育均衡且公平地发展作为普及学前教育的有效措施。保障儿童平等的受教育权和发展权已成为世界学前教育发展战略的核心目标与价值追求（庞丽娟 等，2013）。

2010年，我国颁布《国家中长期教育改革和发展规划纲要（2010—2020年）》（以下简称《纲要》），明确把促进公平作为国家基本教育政策，并进一步指出"教育公平的主要责任在政府"。2012年，党的十八大报告再次要求"大力促进教育公平"，这为我国包括学前教育公平在内的整个教育公平的实现指明了方向。在国家政策的指引下，政府如何担负实现学前教育公平的主导责任，进而实现教育均衡发展乃至社会经济稳定持续发展，是亟须解答的现实问题（庞丽娟 等，2014）。

政府要依法保障社会所有学前儿童的基本受教育权、发展权，尤其要优先为那些最需要帮助的弱势群体学前儿童提供普遍性、基础性水平的学前教育基本公共服务。城乡学前教育基本公共服务的主要目标是保障所有学前儿童都能平等地享有学前教育基本公共服务的权利，即不论学前儿童的民族、父母身份、家庭收入和社会地位差异如何，都拥有公平、普遍享有学前教育基本公共服务的权利。城乡学前教育基本公共服务应面向社会全体学前儿童，重点保障城乡弱势群体学前儿童，为其提供公共性、公益性、普惠性的学前教育（庞丽娟 等，2014）。

（3）学前教育公共服务的高质量。中华人民共和国成立后，由于特定的社会历史原因，我国学前教育的第一属性在很长时间内被认为是福利性，但是很少人在意这种福利性服务的质量如何。此外，我国学前教育发展时间短，学前教育的价值没有被整个社会充分认识到，因而造成了学前教育质量受到的关注度不如义务教育质量和高等教育质量高，学前教育质量监测也很少被提及（杨大伟，2018）。《纲要》提出健全学前教育质量评估和监管体系，提高各类型幼儿园的保教质量。为此，《纲要》明确规定"建立幼儿园督导制度，加强学前教育管理，规范办园行为"。督导评估制度能够保证不同办园体制幼儿园质量的持续提升，杜绝违背儿童身心特点和发展规律的教育内容、方式进入幼儿园，确保幼儿身心的健康发展。

学前教育是在儿童成长的特定时期开展的教育活动，学前教育只有具备一定质量才能促进儿童的健康成长，才能为整个社会的可持续发展奠定坚实的基础。2010年后，我国学前教育在政策的扶持下快速普及，但是这种发展总体质量不高（佘宇 等，2019）。

学前教育质量包括三个方面：结构性质量，即实施学前教育活动的物质、环境和支持性条件，主要包括校舍、教学设施等的配备和质量、班级人数、教师数量与学历水平、师幼比等；教师的工作环境（如工资、福利待遇，每年的辞职率、教师对待工作的满意度、对工作压力的意识程度等）（大宫勇雄，2009）是影响幼儿园教育质量重要的间接因素。过程性质量，即教育实施过程中体现出来的质量，主要包括课程与教学实施、师幼关系质量、家长参与等。结果性质量，即从儿童发展和学习成果上体现出的质量，表现为儿童在各个领域达到的水平（Hughes，2010）。

《强势开端Ⅳ：学前教育质量监测系统》从托幼机构质量、教师队伍素质、儿童发展结果三个方面对OECD各国学前教育质量进行监测和评价，构建了全面的学前教育质量评价指标体系。托幼机构质量是否符合法定要求，其评估指标主要有师生比、室内外活动场地、健康和卫生、安全、学习和游戏材料、教职工资、园所规划、工作条件、课程实施、人力资源管理、财务管理。OECD国家对幼儿教师素质对幼儿发展的影响日益重视，将其单列为学前教育质量监测的重要组成部分，并制定了系列具体的评估指标，内容主要涵盖师幼互动、教师与家长间的合作、同事合作、敏感性、对儿童个体需要的回应、年龄适宜的实践、教学、课程实施（Henrich，2008）。

我国各级政府当前投入大量资源发展学前教育，因此，需要对学前教育发展的整体情况进行持续监测，对公共财政投入的使用效益进行问责，防止学前教育低质量的普及。目前我国还没有建立起全国统一的学前教育保教质量监测标准，各省市地区在开展学前教育保教质量评价工作中，主要通过制定幼儿园分级分类验收标准或督导评估标准加强对幼儿园保教质量的监管。学前教育的评估标准正在逐步完善，但是一些误区也不容忽视，比如质量评价对静态的投入指标关注过多，对儿童发展有直接影响的动态过程性指标关注不足，对教学过程中师幼互动、教师对教育环境的创设与利用、教师与家长的交流互动等方面的评价很少涉及（刘丽湘，2016）。

依据现有幼儿园评价定级指标可能导致幼儿园在硬件上进行盲目投入，对教育教学过程的核心要素重视不足，偏离幼儿园开展质量监测与评估的出发点。以往很多研究都证明过程性指标对儿童发展的影响要更加密切，比结构性指标的影响更大（李克建 等，2012），其中学习环境、课程、师幼互动、家园合作是决定保教质量的四个关键要素，其比重应占到整个评价体系的70%~75%（Ishimine，2011）。我国在开展学前教育保教质量监测评估的工作中，既要关注结构性质量，也要重视过程性质量，还要合理地关注结果性要素（钱雨，2012）。

(三) 研究方法

本研究主要关注家长择园的影响因素。因变量为幼儿园类型,按照所有制可以分为公办幼儿园和民办幼儿园,按照办园层级又可以进一步细分为公办省优幼儿园、公办非省优幼儿园(市优幼儿园和普通幼儿园)、民办省优幼儿园和民办普通幼儿园四类。

本研究将影响家长择园类型的因素分为以下3个层面:①区县层面,按照城镇化水平将7个区县分为市区和县级市两类,其中市区=1。②个体层面,包括幼儿的班级(小班、中班、大班);性别(男性=1);民族(少数民族=1);户籍类型(本地城镇、本地农村、外地城镇、外地农村);父母的教育水平(文盲/半文盲、小学及初中文化程度为低教育水平,高中/中职/技校文化程度为中等教育水平,大专/本科/研究生学历为高教育水平)。③职业层,依照陆学艺(2002)提出的十大社会阶层标准,划分为国家与社会管理者阶层、经理人员阶层、私营企业主阶层、专业技术人员阶层、办事人员阶层、个体工商户阶层、商业服务人员阶层、产业工人阶层、农业劳动者阶层和城乡无业失业半失业者阶层;家庭的月平均收入水平(2 000元以下为低收入,2 000~5 000元为中低收入,5 000~8 000元为中等收入,8 000~15 000元为中高收入,15 000元以上为高收入)及家长的教育期望值[高中及以下、大学(大专、本科)、研究生]。

(四) 研究结果

不同类型幼儿园育儿费用占家庭收入的比例见表3-1。总体而言,该市家庭育儿费用占家庭收入的比例平均为25.9%,其中公办普通幼儿园家庭的占比最低,为19.0%,公办省优幼儿园家庭的占比次之,为25.2%,民办幼儿园育儿费用的家庭收入占比要高于公办园,其中民办省优幼儿园育儿费用占家庭收入的比例最高,为33.5%。

表 3–1　不同类型幼儿园育儿费用占家庭收入的比例

办园体制	占比/%
公办省优幼儿园	25.2
公办普通幼儿园	19.0
民办省优幼儿园	33.5
民办普通幼儿园	26.8
总计	25.9

不同类型幼儿园的家长择园影响因素分析见表 3–2。从户籍方面分析，相对于本地农村户籍儿童，本地城镇儿童有更多机会进入公办省优幼儿园（$\beta_{05}=0.701^{***}$）、民办省优幼儿园（$\beta_{05}=1.894^{***}$）或民办普通幼儿园（$\beta_{05}=1.525^{***}$）；外地城镇（$\beta_{06}=0.220$）和外地农村户籍儿童（$\beta_{07}=-0.250$）进入公办省优幼儿园的机会同本地农村户籍儿童相比没有显著差异，但是外地城镇户籍儿童有更多的机会进入民办省优幼儿园（$\beta_{06}=1.566^{***}$）或民办普通幼儿园（$\beta_{06}=1.945^{***}$），外地农村户籍儿童也有更多的机会进入民办省优幼儿园（$\beta_{07}=1.320^{***}$）或民办普通幼儿园（$\beta_{07}=1.823^{***}$）。普通公办幼儿园承担了为本地农村户籍儿童提供学前教育的主要责任。

表 3–2　不同类型幼儿园的家长择园影响因素分析

变量	公办省优幼儿园	民办省优幼儿园	民办普通幼儿园
截距	2.154	−0.567	−0.392
年级：中班，β_{01}	0.004	−0.059	−0.083
年级：大班，β_{02}	−0.155	−0.153	−0.189
性别：男性，β_{03}	0.039	0.068	0.024
民族：少数民族，β_{04}	0.182	−0.096	0.318
户籍：本地城镇，β_{05}	0.701***	1.894***	1.525***
户籍：外地城镇，β_{06}	0.220	1.566***	1.945***

续表

变量	公办省优幼儿园	民办省优幼儿园	民办普通幼儿园
户籍：外地农村，β_{07}	-0.250	1.320***	1.823***
父母教育：研究生，β_{08}	0.964***	1.284***	0.391
父母教育：本专科，β_{09}	0.546***	-0.111	-1.064***
父母教育：初中及以下，β_{10}	-0.624***	-1.349***	-0.373
父母职业：行政/企业管理人员，β_{11}	-1.131***	-1.454***	-1.142**
父母职业：私营企业主，β_{12}	0.176	-0.622*	-0.669*
父母职业：专业技术/办事人员，β_{13}	0.506*	0.203	0.260
父母职业：技术辅助/个体户，β_{14}	0.045	0.257	0.209
父母职业：农民/工人/农民工，β_{15}	-0.849***	-1.029***	-0.514**
家庭收入水平：高，β_{16}	0.631***	0.705***	0.385*
家庭收入水平：中，β_{17}	0.424**	0.488**	0.293
家庭收入水平：低，β_{18}	-0.085	-0.687*	-0.574**
教育期望：研究生，β_{19}	0.612***	0.532***	0.222
教育期望：高中及以下，β_{20}	-0.163	-0.780***	-0.755***

对于不同学历的家长而言，相对于中专/高中学历的家长，研究生学历的家长更倾向于为子女选择公办省优幼儿园（$\beta_{08}=0.964^{***}$）或民办省优幼儿园（$\beta_{08}=1.284^{***}$），而本专科学历的家长更倾向于为子女选择公办省优幼儿园（$\beta_{09}=0.546^{***}$），其次是公办普通幼儿园，且不倾向选择民办省优幼儿园（$\beta_{09}=-0.111$）或民办普通幼儿园（$\beta_{09}=-1.064^{***}$）；初中及以下学历的家长为子女选择公办省优幼儿园（$\beta_{10}=-0.624^{***}$）或民办省优幼儿园（$\beta_{10}=-1.349^{***}$）的机会较少，而更多的人选择公办普通幼儿园或民办普通幼儿园。

相对于中低收入家庭，高收入家庭的子女有更大的机会进入公办省优幼儿园（$\beta_{16}=0.631^{***}$）和民办省优幼儿园（$\beta_{16}=0.705^{***}$）；中等收入家庭的家长对公办省优幼儿园和民办省优幼儿园也同样偏好；低收入家长为子女选择民办省优幼儿园（$\beta_{18} = -0.687^*$）或民办普通幼儿园（$\beta_{18} = -0.574^{**}$）的概率更低。

本研究还发现家长对子女的教育期望越高，就越倾向为子女选择高层次幼儿园。相对于教育期望为大学（大专、本科）的家长，对子女教育期望是研究生的家长更倾向为子女选择公办省优幼儿园（$\beta_{19} = 0.612^{***}$）或民办省优幼儿园（$\beta_{19} = 0.532^{***}$）。

经过逆概率加权调整后不同类型幼儿园家长对学前教育质量的评价差异见表3-3。以公办普通幼儿园作为参照组，公办省优幼儿园家长的总体满意度及硬件设施、保育水平、活动教学、教师素质及家校合作方面的评价都是最高的，民办省优幼儿园家长对幼儿园质量的满意度则是最低的。

表3-3　逆概率加权调整后不同类型幼儿园家长对学前教育质量的评价差异

办园体制	家长满意度	硬件设施	教师素质	保育质量	知识教学	活动教学
公办省优幼儿园	0.219***	0.213***	0.260***	0.220***	-0.162***	0.220***
民办省优幼儿园	-0.058***	-0.418***	-0.288***	-0.338***	0.056**	-0.474***
民办普通幼儿园	0.022	-0.201***	0.005	-0.041*	0.124***	-0.160***
截距	4.613***	-0.082***	-0.147***	-0.113***	0.112***	-0.072***

（五）讨论及结论

从其他国家的发展情况来看，学前教育经费的来源大都是多方进行分担，政府和家长是主要的分担者。在我国学前社会化发展时期，幼儿园将家长的经费分担看作学前教育经费的主要来源，在实践中也出现了幼儿园收费超过教育成本的营利性安排。学前教育供需双方存在的信息不对称及家长对幼儿园教育质量缺乏专业的辨别能力，以及家长望子成龙的强烈期望，助长和拉高了个别幼儿园的营利空间，加重了家长的经济负担（虞永平，2007）。当前很多国家都将学前教育纳入社会公共服务体系，保证了学前教育的公益性和非营利性，政府与家长分担学前教育成本对学前教育事业的发展至关重要。本研究发现，公办园家庭育儿费用占比要低于民办园，政府的财政投入有效分担了学前教育的成本，降低了家庭的分担比例。

经济落后且位置偏远的农村地区是学前教育普及的难题。世界上许多国家通过改革学前教育的办学体制，确立以政府举办幼儿园为主导的改革路径，强化政府在学前教育发展中的责任。鉴于农村地区学前教育资源匮乏的现实问题，近年来很多国家在农村地区大力创办公办幼儿园，以保障这些贫困和偏远地区的儿童能平等接受学前教育。比如韩国为满足农村、山区儿童的教育需求，改变以往学前教育属于私人领域事务而非公共责任的消极政策，在农村和山区积极大力兴办公立幼儿园，并在2012年修订的《学前教育法政策法规》中进一步明确以公共财政支持兴建公立幼儿园。很多国家正是通过强化并落实政府在贫困、边远农村地区举办幼儿园的主导职责，有效扩大了这些地区的学前教育资源（庞丽娟 等，2014）。

随着我国政府治理能力的提高及教育改革的深入，公共服务型政府理念开始提出并被接受，政府开始以改善民生、促进社会公平作为自身的重要职责。学前教育关系到教育公平和社会公平，因而受到我国政府的高度重视。大力发展和普及学前教育，争取实现学前教育公平，已成为我国中央政府中长期教育改革与发展的战略目标。但我国当前的学前教育公平状况并不令人满意，农村学前教育的发展水平落后于全国。我国中西部的广大农村地区面临着自然环境艰苦、交通不便等不利因素，通过家庭自身及私人资本难以解决这些地区儿童接受学前教育的需要，其与城镇地区在学前教育普及率和学前教育质量方面的差距越拉越大（庞丽娟 等，2014）。因此，要想为农村地区儿童提供基本的、普惠的学前教育，只有依靠政府发挥主导作用大力发展公办幼儿园，以公办幼儿园为主体发展农村学前教育事业，优先保障弱势贫困儿童平等接受学前教育的权利。

本研究发现公办普通幼儿园很好地满足了农村家庭子女接受学前教育的需求。因此，我国学前教育公共服务体系必须坚持以公办幼儿园为主体，充分发挥公办幼儿园"普惠、保底"的作用，才有可能建构起"广覆盖、保基本"的学前教育公共服务体系，才能真正保障所有适龄儿童，特别是广大农村和低收入家庭子女接受学前教育的基本权利，促进教育起点公平的实现（邓银城，2010）。这也就意味着公办幼儿园应该是学前教育公共服务体系中的主角，只有足够数量的公办幼儿园才能从根本上保证学前教育公共服务体系的公益性质，也就应主要由公办幼儿园而不是所谓的"普惠性民办幼儿园"来承担普惠的任务。

我国目前经济结构中多种经济成分并存，地方政府要把学前教育放在优先位置，就需要积极利用社会力量，通过多种形式提高学前教育的供给数量。由此在建构学前教育公共服务体系时，必然会形成多种办学成分并存的局面（杨莉君 等，2013；王海英，2013）。这也是符合国家制定的"政府主导，社会参与，公办民办并举"的基本政策导向的。这一办学格局不会从根本上影响学前教育公共服务体系的公益性和普惠性，还有助于实现区域内适龄儿童接受多样的、有质量的学前教育。

本研究发现优势阶层家长倾向于将子女送入公办省优幼儿园或民办省优幼儿园就读。民办幼儿园的存在和发展对学前教育公共服务体系是一个有益的补充，其一方面缓解了政府的财政压力，为公众提供了多样化的教育选择；另一方面也推动了学前教育体制的革新，增强了学前教育系统的活力。在多元办园体制下，民办幼儿园之间存在着竞争，特色是民办幼儿园的生命线，作为市场经济产物的民办幼儿园灵活自主，满足公众对学前教育的个性化需求。民办幼儿园同公办幼儿园之间也存在竞争，民办幼儿园办学形式多样，管理方法科学，激励和分配机制有效，从而激励公办幼儿园也需要随之提高管理水平和办学质量。这些已经使一些公办幼儿园受到启发，着手改变办学思路和管理模式。民办幼儿园的发展在客观上起到了促进宏观学前教育体制改革和公办幼儿园内部管理体制改革的作用。

《纲要》提出要"建立健全基本公共服务体系，促进基本公共服务均等化"。学前教育基本公共服务均等化的核心是质量均等化，质量均等化不是简单的平均化和无差异化，而是优先保障未享受到学前教育服务，或享受低质量学前教育服务的儿童和家庭，无论地域、城乡或贫富，都能享受到具有基本质量的学前教育基本公共服务，然后不断提升质量，使其达到更高水平。均等化的行动重点是兜底，而非压高（原晋霞，2013）。学前教育基本公共服务的质量标准必须与社会经济发展水平相适应。从全国范围来看，国家应制定学前教育公共服务的基本质量标准，保障所有适龄儿童都能接受达到国家基本质量标准的学前教育。本研究发现，就公办幼儿园来说，无论省优幼儿园还是普通幼儿园，家长对幼儿园教育质量的满意度都比较高。

当前我国学前教育质量监控体系的做法通常是由个体教育行政管理部门制定评级标准，对辖区内的幼儿园进行分类定级，然后根据评定结果确定其收费标准、回拨经费金额等。幼儿园获得高的定级不但能获得更多的财政拨款，而且在教师的职称评定、专业发展和培训等方面都享有照顾。但是这种定级带来的好处基本限于公办幼儿园。民办幼儿园即使参加了定级考核，也享受不了多少定级带来的好处，反之由于参加评级需付出额外的时间和物质成本，且无法得到补偿，民办幼儿园参与评级的积极性不高。湖北省在2009年出台了《幼儿园办园水平综合评估标准》，决定在全省统一等级评定。原标准主要用于全省示范性幼儿园的评估，而新标准则是针对全省所有幼儿园，其中民办幼儿园首次被纳入评估范围。

本研究的地级市也对不同办园体制幼儿园采取统一的评级政策，但是发现民办省优幼儿园家长对幼儿园教育质量的满意度最低。该结果并不表明民办省优幼儿园的教育质量最差，而是民办省优幼儿园提供的服务同家长的需求存在一定的差异。

人类个体的需求可分为私人需求和公共需求。私人需求是指满足个体利益的需求，公共需求是指满足社会公共利益的需求，这种需求不是个别需求的总和，而是共同利益，具有不可分割性。相应地，服务可分为私人服务和公共服务。私人服务为满足私人需求的行为，公共服务即主要是满足公共需求的行为，是为公共利益提供的服务（夏超 等，2009）。因年龄、收入、社会地位、习惯等因素所产生的不同，社会群体之间形成了各个层次之间不同的需求。基本公共服务即满足同质性公共需求的服务。基本公共需求之外的需求可以在基本公共服务之外来寻求满足。

面对公众对于个性化优质学前教育资源的需求，政府要对民办和公办幼儿园进行统筹安排，引导民办幼儿园和公办幼儿园选择不同的发展路径，按照自身定位的不同，选择不同的适用制度加以约束（曾晓东，2005）。对于民办幼儿园的质量，政府主要负责进行准入性的资格审批，只要其在场地和人员构成上达到了基本标准即可运营。在这一背景下，民办幼儿园质量保障基本是由幼教机构在与家长的沟通、博弈中自发进行的，其动因主要是为了满足市场需求，赢得市场竞争。公共服务型政府要处理好政府和市场之间的责任分工，政府要为市场机制创造良好的外部环境。对于市场能够解决的问题，要由市场自行处理，政府不能越位。对于依靠市场机制不能很好解决的问题，政府要对市场机制的不足进行弥补，不能缺位（周永明 等，2010）。

学前教育具有公共产品属性，市场解决不了学前教育发展的全部问题，根据公共服务型政府的职能定位，政府对提供学前教育服务具有不可推卸的责任。"保基本"和"促提高"是学前教育质量监控系统中可以实现的两种功能取向。从近几年一系列的政府文件可以看出，国家提出建立幼儿园质量监控体系的主要着眼点在于保基本，确保幼儿园教育的基本质量，避免"小学化"等低质量教育带来的危害。如2012年颁布的《学前教育督导评估暂行办法》要求各地"建立幼儿园保教质量评估监管体系和机制，开展保教质量监测评估工作，有效解决'小学化'倾向和问题"。保障幼教的基本质量，是实现我国学前教育发展战略目标、发挥学前教育功能的前提条件。但目前部分幼儿园教育质量低下，往往不能促进幼儿的学习与发展，因此，在现阶段，"保基本"和"促提高"中更为重要的是前者，学前教育质量监控系统要更多地关注低水平层次上的评估和督导，尤其是对于农村幼儿园、社区幼儿园等（刘昊，2014）。公办幼儿园在学前教育质量保障体系中应该确立质量的底线作用，而非质量的上线作用。公办幼儿园首先应该保证学前教育质量的基本标准，低于此标准的民办幼儿园在学前教育市场上应被淘汰。

四、以儿童发展为核心的学前教育质量保障体系分析

摘要 学前教育质量监控的主要目的不是定级或问责，而是幼儿园保教质量的改进和提高。学校教育质量体系包括结构性质量、过程性质量和结果性质量。本研究以结果性质量，即儿童发展水平作为学前教育质量的核心，以CIPP模型（环境、投入、过程和产出）作为分析框架，从家长的视角，采用多层线性模型方法考察幼儿园的结构性质量和过程性质量对儿童发展的影响，以期为幼儿园提高资源投入使用效率，改进教学过程提供针对性建议。结果表明，幼儿园的硬件设施具有门槛效应，在达到办园要求后不能进一步提高儿童发展结果；教师质量对儿童发展有正向作用；活动教育对儿童发展有促进作用，而知识教学则无正效应；家校沟通也能够预测儿童发展水平。

关键词 学前教育　质量监测　儿童发展

（一）问题提出

学前教育是终身教育的开始。提高学前教育的质量并促进学龄前儿童的健康发展，不仅可以为儿童继续接受基础教育打下良好的基础，还可以为儿童的未来学习、成长和发展提供有力的支持（Sylva，2008）。高质量的普惠性学前教育可以减少家庭文化资本对儿童发展的影响，并打破贫困和社会不平等的代际循环（Lister，2006）。因此，确保每个儿童都接受高质量的学前教育已成为世界上多数国家发展学

前教育的目标。只有符合儿童身心发展特点和规律的科学优质的学前教育才能有效促进儿童身心的和谐发展，为儿童的终身学习和发展奠定良好的基础。OECD 幼儿教育协会主席琳德博士曾表示："在普及早期教育保育的过程中忽视质量问题，将不能为儿童带来好的发展结果，亦不能为社会带来长远的效益。"学前教育的普及是基础，质量是核心。普及学前教育是以"普遍提高学前儿童入园率"与"普遍提高幼儿园的保教质量"为内涵的（郑名，2014）。

《强势开端Ⅳ：学前教育质量监测系统》的推出首先反映了经济合作与发展组织及其成员国对学前教育质量的关注。随着学前教育入学率的不断提高，经济合作与发展组织国家学前教育政策的重点已逐渐从入园机会转向优质教育。例如，在将学龄前教育确定为儿童的合法权利的同时，报告审议的成员国也重视标准的设置和国家课程标准的研制出台，并且大多数国家颁布了法定的学前教育课程框架（OECD，2015）。政策转变的推动力之一是科学研究的结果。尽管大量研究证明，学前教育可以产生一系列的收益，可以对儿童的后续学习和终身发展产生积极影响，也可以带来巨大的社会和经济利益，但是效益是否产生及其大小与学前教育的质量直接相关（Taguma，2012）。对学前教育项目成本效益的元研究还发现，不同项目的投资回报差异很大，只有那些高质量的项目才可以产生高回报（Reynolds，2008）。因此，对优质学前教育的需求驱使经济合作与发展组织国家监测其学前教育的质量。

随着学前教育三年行动计划的实施，学前教育资源迅速扩大，目前我国学前教育三年普及率已经上升至 67.5%。2017 年全国幼儿园共有 25.5 万所，在园幼儿 4 600 万人，学前三年毛入园率达 79.6%，比 2012 年提高 15.1 个百分点。但是，实证研究表明，这种迅速普及的学前教育质量令人担忧。只有确保儿童"有园入"的同时"入好园"，才能让普及学前教育变得有意义。学前教育的质量是入学率的前提。只有高质量的学前教育才能促进儿童的可持续性发展（刘占兰，2010）。

我国《幼儿园教育指导纲要（试行）（2001）》明确提出"教育评

价是幼儿园教育工作的重要组成部分，是了解教育的适宜性、有效性，调整和改进工作，促进每个幼儿发展，提高教育质量的必要手段"。2010年颁布的《国家中长期教育改革和发展规划纲要（2010－2020年）》已明确提出，要"把提高质量作为教育改革发展的核心任务""保障适龄儿童接受有质量的学前教育"。《国务院关于当前发展学前教育的若干意见［国发（2010）41号］》指出，要"建立幼儿园保教质量评估监管体系"，保障适龄儿童接受基本的、有质量的学前教育，要求加强对幼儿园的规范管理，建立幼儿园信息管理系统，对幼儿园实行分类管理、动态监管，这势必要求开展全国性学前教育质量监测（潘月娟，2014）。2012年，教育部颁布了《学前教育督导评估暂行办法（教督〔2012〕5号）》，督导评估被视为提升学前教育质量的核心举措。教育部在《关于实施第三期学前教育行动计划的意见（教基〔2017〕3号）》中要求：完善幼儿园保教质量评估体系，规范办园行为，全面提高幼儿园保教质量。2014年，我国教育部、发展和改革委员会、财政部联合印发了《关于实施第二期学前教育三年行动计划的意见》，将提高幼儿园办园水平和保教质量作为重要任务之一。《中共中央国务院关于学前教育深化改革规范发展的若干意见（2018）》再次提出"健全质量评估监测体系"。

当前世界各国纷纷通过各种方式提升本国学前教育质量，其中的重要途径之一就是实施学前教育质量监测。尽管我国在不断加强学前教育规范管理的过程中，一些政策起到了学前教育质量监测的部分作用，但我国尚未建立起系统完善的全国性学前教育质量监测体系（杨大伟，2018）。该体系作为学前教育质量的保障，它的建立有助于规范教师的教育行为，引领正确的社会舆论，为更好地制定和实施学前教育政策提供重要依据，满足公民对学前教育质量的知情权（周欣，2012）。

（二）文献综述

1. 学前教育监测目的从问责到学校改进

各国对学前教育机构服务质量进行监测的原因并不完全相同。美国幼儿教育协会（NAEYC，2015）指出，应该使用监测来收集信息，用以提高服务质量，以便儿童可以从早期经验中受益。其他国家也希望通过监控质量来获取相关信息，以支持政府决策，为公众选择优质的服务提供足够的信息，并提高教师的教学表现。与对教师和儿童发展的监测相比，对学前教育机构服务质量的监测更常用于机构问责，即政府将根据质量监测的结果给予学前教育机构相应的制裁或奖励（OECD，2015）。由于管理主义的趋势及学前教育质量保障中缺乏专业力量，以前对学前教育质量的评估是基于对质量结果的奖励，并且缺乏对质量改进的深入支持（姚伟 等，2019）。

依据新公共服务理论中的服务型思维重新思考质量保障，质量保障的主体不仅应该作为监控者存在，还应该作为服务提供者。质量保障是质量问责和质量改进的连续存在。质量问责活动应伴随着提高质量的努力，质量改善活动的进行必须以前期质量问责所进行的数量与价值判断为先导，评价结果应作为改进和提高教育质量的基础，并反映评价的增值性。质量问责和质量改进共同构成了质量保障的两个重要手段（Elassy，2015）。在世界范围内，学前教育的质量保障体系已经从质量问责转向质量问责与质量改善兼具。质量问责与质量改进的有机结合促进了保障职能的完整性。

教育评估的实质是改进而不是证明。教育评估的功能从专注于诊断转向诊断和激励自主发展，已成为当代教育评估的主流趋势（Alkinm，2004）。英国教育标准办公室在2013年发布了《托幼机构自我评估表》《托幼机构自我评估表格填写指南》等文件，旨在深入推进托幼机构自我评估的目的就是提升托幼机构的质量意识并明确其改进方向，使得改进的目标与路径清晰可见。英国政府对此进行了相应的调整，"把'学校改进'而不是'公共问责'作为督导评估的主要目的"（褚宏启，2009）。

2. 我国以往学前教育质量监测多关注结构性指标

早在20世纪80年代中后期，一些省市的教育行政部门就颁布了幼儿保育机构的分类和验收标准，对幼儿园的等级评定已成为各省市对各种幼儿园行政和业务管理的重要抓手。如北京市颁布的《北京市托幼园所分级分类验收标准及细则（试行草案）（1989）》、上海市颁发的《上海市幼儿园分等定级评分标准》和《上海市托儿所分等定级评分标准（1992）》等。项宗萍等（1995）对六个省市学前教育机构进行评估的研究发现，评估标准侧重于幼儿园设施、师资资格、卫生保健等工作，对教育过程的评估指标非常笼统；从影响儿童认知和社会发展模型的角度来看，学前教育机构的教育过程变量对儿童发展的影响比物质资源和教师资格等变量的影响更为直接和强烈。因此，关注结构指标的评估会耗费学前教育机构太多精力于改进易于检查与评估的硬件上，而忽略了对儿童影响较大但难以评估的教育过程，例如教师的教学行为、教师活动安排、儿童活动积极性等。

《幼儿园管理条例（1999）》和《幼儿园教育指导纲要（试行）（2001）》颁布后，普及了示范幼儿园评估工作，在一定程度上规范了幼儿园的管理，并提升了质量，但评估内容也依旧侧重于园所管理、设施与规模、队伍建设、卫生保健、保教工作等静态笼统的指标（刘占兰等，2011）。自2003年《关于幼儿教育改革与发展的指导意见》颁布之后，幼儿园等级评估更成为各省市落实文件精神的重要举措，一些省市开始出台或修订幼儿园督导评估标准或分级分类验收标准（康建琴，2011）。

在评估目标方面，中国目前对学前教育的评估主要是出于鉴定和选拔的目的，有关行政管理部门按照预先制定的"尺子"来衡量幼儿园是否达到标准，然后根据测量结果对学前教育机构进行等级划分，例如示范幼儿园、一类幼儿园、二类幼儿园等。为了达到示范性或优秀水平，每个幼儿园都进行了相应的改革，以不断调整或扩大现有的教育资源。由于结构质量因素相对稳定，因此，可以清晰地定义和测量它们，例如班级规模、幼教比等，而过程质量因素则与儿童在幼儿园的日常经历有关，评估起来比较复杂，学前教育质量评估往往更多是在结构质量方面的评估。幼儿园办园标准还强调了结构性指标的重要性和中心地位。中国的学前教育质量监测与评估一般采用并参照当地教育行政部门颁布的幼儿园分级分类验收标准，其中大多数重视物资的提供而不是使用，包括重视静态的办园条件、管理制度、教师队伍建设等结构性质量，而非动态的师幼互动、课程、学习环境、家园合作等过程性质量，削弱了学前教育过程性质量的重要性。实际上，如果学前教育质量评估过分强调静态指标，很容易导致幼儿园在硬件建设上进行盲目竞争，而忽视诸如班级管理、师幼互动、课程、家园共育等对幼儿身心发展产生影响的过程性要素（杨莉君 等，2017）。

近年来，国内学前教育机构的评估重点已逐渐转向过程性评估。刘占兰等研究人员评估了11个省市的幼儿园教育质量后认为："幼儿园教育质量评估的重点和基本单位应是班级，班级质量中教师和儿童的行为应成为评估的核心内容和变量，而物质环境和设备条件等变量的考察重点在于使用率和发挥的效能。"此外，在分析了研究开发的评估工具之后发现，所包含的十大评估项目和指标群中以"教师行为""师生互动""教师对半日活动安排""幼儿活动"等过程性指标群为主（刘占兰，2009）。

学前教育质量评估的目的不是强调监控或惩罚，而是提高教师的专业素质，提升幼儿园的教育环境，从整体上提升学前教育质量，为儿童的身心健康发展提供良好的环境保障。要提高中国学前教育的质量，就需要建立科学有效的学前教育评估机制（胡伟，2016）。2010年后出台的一系列政策文件确定了学前教育的宏观层面的目标和任务，从而为重视学前教育的质量奠定了基础。同时，国家也颁布实施了《3~6岁儿童学习与发展指南（2012年）》《幼儿园教师专业标准（试行）（2012年）》《幼儿园园长专业标准（2015年）》，修订了《托儿所、幼儿园建筑设计规范（2016年）》。这些政策法规从学龄前儿童发展、幼儿园教师素质、幼儿园管理团队素质、幼儿园建设等与学前教育质量直接相关的微观要素层面提出了更为具体的质量要素规范与标准。随着国家对学前教育质量的持续关注，中国的学前教育质量相关政策和体系已经从笼统的、弱指向性的、旨在保基本的政策目标取向转变成专门的、强指向性的、旨在提质量的政策目标取向（杨大伟，

2018)。目前,我国学前教育质量评价标准主要包括人员素质、物质条件、教育活动、幼儿发展和园所管理五个方面,基本涵盖了学前教育的全部内容(傅瑜 等,2014)。

3. 国外学前教育质量监测的内容

幼儿发展和教育的重要性已经得到全世界范围的认可。各个国家也纷纷出台了相应的评价和质量保障标准。经济合作与发展组织的研究发现,关于学前教育质量的诸多定义都包含"结构性质量"和"过程性质量"两个部分,并最终指向包括认知发展、学业潜能和社会情绪在内的幼儿各项发展。其中,结构性质量主要是指幼儿园硬件设施、物质资源、幼教比、教师素质等因素;过程性质量则聚焦于幼儿与教师之间的互动、教师与家长之间的互动、教师教学技巧,以及班级之外的幼儿园环境与氛围等(黄晓婷 等,2013)。结构性质量和过程性质量这两方面紧密相关,对幼儿的成长发展都有着至关重要的影响。

经济合作与发展组织(Organization for Economic Cooperation and Development,简称OECD)于2015年10月发布了《强势开端Ⅳ:早期教育与保育的质量监测》(Starting Strong Ⅳ: Monitoring Quality in Early Childhood Education and Care),它从国际比较的角度专门介绍和总结了经济合作与发展组织成员国学前教育的质量监控体系,分析了各国学前教育质量监控体系的构成,阐述了各国质量监控体系的共同发展趋势,并总结了各国在质量控制方面面临的挑战和对策,有助于每个成员国更好地理解质量监控的基本原则,并建立有效的质量控制体系(OECD,2015)。"强势开端Ⅳ"的发布是当今国际社会认识到建立健全学前教育质量监控体系对学前教育质量提升具有必要性和重要性的缩影。

根据《强势开端Ⅳ:学前教育质量监测系统》这一报告可知,尽管经济合作与发展组织成员国的学前教育质量监测系统和做法有很大不同,但它们仍显示出一些共同的趋势:各国正在不断改进质量监测的方法和过程。一般而言,政府会监测学前教育机构的质量是否符合法定要求,并着重于结构性质量,但政府也逐渐开始关注学前教育的过程性质量,例如师生互动的质量。对教师素质的监控也已成为监测系统的组成部分。此外,各国主要通过观察方法监测儿童发育的质量。对儿童保育机构的服务质量,教师质量和儿童发展的监测通常不是分开进行的,而是相互联系的(OECD,2015)。

OECD国家于2015年发布了最新的研究报告《强势开端Ⅳ:学前教育质量监测系统》,从学前教育机构的质量、教师的素质和儿童发展的结果等方面,全面监测和评估其成员国的学前教育质量,并建立更全面的学前教育质量评价指标体系。学前教育机构的质量主要基于外部督导,评估指标主要包括师生比例、室内外活动场所、健康和卫生、安全、学习和游戏材料、教职工工资、园所规划、工作条件、课程实施、人力资源管理、财务管理。目前,OECD国家越来越重视幼儿教师的素质对幼儿发展的影响,已将其列为学前教育质量监测的重要组成部分,并制定了一系列具体的评估指标,主要包括师生互动、教师与家长之间的合作、同事之间的合作、敏感性、对儿童个体需求的反应、年龄适宜的实践、教学、课程实施(Henrich,2008)。值得注意的是,经济合作与发展组织国家已正式采用儿童发展结果作为学前教育质量评估的重要组成部分。评估的主体是学前教育机构中的教师,评估指标主要包括语言与读写、数学、社会性情绪情感、身体运动、健康发展、实践能力、自主性、创造性、福利、科学、信息技术等。

德国的《儿童日托机构的教育质量:国家标准集(2002)》、新西兰的《学前教育评估框架和资源(2002)》和《学前教育评估指标(2004)》、新加坡的《幼儿园教育质量评价标准(2011)》、澳大利亚的《早期儿童教育和保育国家质量框架(2012)》,德国的《儿童日托机构教育质量国家标准集(NQKK)》等,这些评估标准在内涵和价值观方面具有相当程度的共性,都旨在保障幼儿接受有质量的学前教育。在保教质量评估的内容维度方面,强调对师幼互动、课程、学习环境、健康和安全、家园合作等过程性指标的评估,重视评估指标中的过程性特征(李玉杰 等,2014)。比如澳大利亚学前教育质量保障体系为七个领域,分别是教师与儿童及同伴之间的关系、与家庭的合作友谊关系、计划和评价制度、儿童的经验和学习、儿童的保护和安全、健康与营养、支持和管理的措施,每个领域又制定了具体的原则。新加坡监测内容包括领导力、规划与行政、教职员管理、资源、课程、教学法、健康、卫生以及安全9个方面(王丽娟 等,2015)。

美国幼儿教育协会(NAEYC,2007)自1984年起研制并不断修订的《幼儿教育机构质量标准与认证体系》(Early Childhood Program Standardsand Accreditation Criteria)在美国及其他一些国家具有较大的影响力。标准体系共分为四大部分和十个维度。儿童的健康和发展是一切早教项目的核心目标,因此,NAEYC认证体系的10个标准中有5个是直接与儿童相关的,分别是关系标准、课程标准、教学标准、儿童发展评估和健康标准。关系标准强调在幼教项目的教职员工与幼儿家庭之间建立积极的关系,进而培养每个孩子的价值观、归属感和集体责任感;课程标准强调早教项目的课程目标要促进儿童在社会、情感、身体、语言及认知等各领域都得到发展;教学标准强调用适宜的教学方法促进每个儿童在各早教项目的课程体系中的进步;儿童发展评估标准强调要用系统的评价方法提供学生学习及其他方面发展情况的信息;健康标准强调要提高儿童的营养和健康,保护儿童和教职工免受疾病和其他伤害(王吉 等,2013)。

国际儿童教育学会(ICEI)与世界学前教育组织(OMEP)于2011年修订了《国际儿童教育学会全球指导性评估量表》(ICEI Global Guideline Assessment,ACEI GGA)(第三版),截至目前,该量表已修订过多次,其影响力日益扩大,并被很多国家引入用于对幼儿园教育质量的测量与评价。《国际儿童教育学会全球指导性评估量表》有较具体、系统的指标体系,具有很强的可操作性和实践性,其内容涵盖环境与空间、课程内容与教育方法、幼儿教师与保育人员、家庭、社区与儿童的保教伙伴关系、关爱特殊儿童6大领域、20个子类及其76个指标项目(余璐 等,2013)。

4. 学前教育监测体系的有效性研究

质量评级与提升系统(Quality Rating and Improvement System,简

称 QRIS）是一个在全美普遍采用的学前教育机构分类定级和整体教育质量改进的系统。美国各州 QRIS 实施的具体情况有所差异，但根据美国儿童教养信息与技术支持中心（NCCIC）出台的标准，各州 QRIS 的实施通常包括五项基本内容：质量标准（Program Standards）、绩效责任测量（Accountability Measures，包括质量测量与问责制）、技术支持（Technical Assistance，包括学前机构质量提升方案与教师专业支持等）、财政激励（Financial Incentives，包括教师奖学金、财政津贴、分层补贴等）和家长教育（Consumer Education）。

作为一个有多重目标并体现政策性发展的复杂系统，其最终目标是通过提升学前机构教育质量来促进儿童发展。绩效责任测量通过质量测量与问责制，判断机构的质量等级，并为机构、家长和资助者提供问责基础。质量测量，是指 QRIS 使用质量评级工具对学前教育机构质量进行测量与评级，并实施监控、干预政策促进机构质量提升的过程（QRIS National Network.，2015）。

QRIS 的出现与迅速发展，和美国对学前教育质量的理想诉求与现实状况之间的巨大落差有着重要关系。首先，20 世纪末，美国联邦、州、地方政府愈发意识到学前教育质量的重要性。但美国的学前教育质量一直处于公众不满意的低迷和不稳定状态，且质量提升遇到严重瓶颈。有研究发现，很大一部分幼儿所进入的学前教育机构，充其量是普通水平，还有很大比例的处于社会不利地位的儿童接触到的是一些质量不合格的学前教育机构（Sabol，2014）。根据美国长期纵向研究发现，因社会经济地位和种族差距所引起的入学准备差距已经非常巨大（Bassok，2015）。学前教育质量整体水平不高和各个学前教育机构质量之间的差距过大，将会严重地导致不利的个体与公共结果。

为弥补原有的质量评估与保障机制的缺陷，提升整体学前教育机构的质量，尤其帮助处于社会不利地位的儿童获得良好的入学准备能力，达成儿童、家庭、社会的三重长、短期积极效应，各州陆续开始建设并推行 QRIS 系统。首个质量评级与推进系统于 1998 年在俄克拉荷马州正式实施。最初，QRIS 是学前教育补贴制度中的一个分层补贴政策，以促进并奖励高质量的学前教育机构（Faria，2015）。随着早期养护和教育质量重要性的日趋提升，QRIS 转变成为一种提高整体学前教育质量的重要政策机制。

近年来，QRIS 已成为美国各州提升学前教育质量的重要政策性工具。QRIS 国家学习网（QRIS National Learning Network）发布的信息显示，截至 2016 年 5 月，包括哥伦比亚特区在内的 44 个州已实施 QRIS（其中亚拉巴马州正进行试点工作），包括夏威夷州在内的 7 个州正计划实施 QRIS。各州自实施 QRIS 以来，持续对其开展元评价研究，以指导 QRIS 的设计与改进，记录并检验其实施情况。

从 QRIS 的架构设计来看，财政激励、技术支持与家长教育等要素都依赖于 QRIS 质量评级结果，可见质量评级是整个 QRIS 系统的核心。QRIS 质量评级的准确性是 QRIS 系统按照原有的逻辑框架顺利运转的前提。同时，各州和地区花了大量的人力、物力和财力去研发或购买评估工具、培训评价人员、自主评价过程，根据质量评级结果发放财政激励、信息公布，这些努力的前提也是 QRIS 质量评级的准确性。美国推行的 QRIS 系统的目的在于促进学前教育质量的提升，为家长选择高品质的学前教育服务提供支持，以及带来更好的儿童发展和入学准备水平（Tout，2013）。随着全国范围内 QRIS 系统建设经费的激增，联邦政府和各州 QRIS 系统的投资者急于寻找 QRIS 系统切实有效的证据，这使得对 QRIS 系统进行评估和有效性验证的研究日益受到关注。

一些元评价研究显示，儿童发展水平与 QRIS 质量评级之间存在一定的关联。弗吉尼亚州 QRIS 元评价研究显示，学前机构质量等级（3星和4星）与学前儿童早期读写能力的发展水平相关（Sabol，2014）。另外，该研究的描述性部分展示了学前机构等级和儿童特定技能发展的关系。例如，3星和4星学前机构中有较高比例的儿童是西班牙语和英语学习者，而2星机构有更多非洲裔美国儿童，同时学前机构星级也与儿童的家庭收入和社区环境有某种程度上的关联，这说明不同星级学前机构中儿童的特征性差异可能在某些方面解释了早期读写能力的差异。密苏里州的元评价研究则指出，高等级 QRIS 学前机构中的儿童比低等级机构中的儿童情绪与社会性发展的测量得分更高（Thornburg，2016）。在另一项 QRIS 元评价研究中，斯特尼（Hestenes et al.，2014）等采用 ECERS-R、ECERS-E 和 CLASS 三种量表对科罗拉多州 1 749 所 QRIS 学前机构的教学环境和儿童情绪与社会性发展的测量发现，学前机构星级能够区分高质量和低质量的课堂教学，且能够预测儿童情绪与社会性发展水平（Linda，2015）。

大部分关于 QRIS 评级的效度研究发现，评级更高的学前教育机构的环境得分较高，但是这并没有与儿童的发展结果产生积极的相关性（Karoly，2014）。例如，科罗拉多州的研究发现，该州 QRIS 评估中质量等级与儿童发展结果之间并没有联系（Zellman，2008）。印第安纳州的研究结果是：幼儿园的质量等级与儿童发展的结果之间不存在一致性联系（Elicker，2007）。萨博（Sabol，2013）等对 QRIS 质量评级进行了研究，结果发现，整个 QRIS 的分数不能预测儿童在入学准备上的表现，更高的幼儿园质量等级并不能预测儿童在学业成绩上的提升。各项关于 QRIS 质量评级的准确性研究，虽然在研究范围、对象、方式上存在差异，但研究结果在一定层面不能进行同类比较，QRIS 质量评级的准确性、有效性依旧遭到质疑，这将影响到整个 QRIS 系统的公众信服度，包括家长的信任程度，以及各个早期教养机构的参与积极性。

5. 家长评价学前教育质量

我国学前教育评估与监测体系存在的主要问题是：首先，缺乏明确的可操作性标准；其次，评估指标侧重于硬性指标，而不是教学过程；再次，注重硬件基础设施的配置而忽视其使用的效率；最后，缺乏有效的监控系统和父母的有效参与。

人们通常将质量问责同质量保障等量齐观。这种想法将质量改进排除在质量保障范围之外，对质量保障体系的改善及其作用的发挥极为不利。在仅注重质量问责的学前教育质量保障体系中，处处体现着地位的高低，例如政府和专家学者更多地处于一种自上而下的俯视状态。在质量保障过程中，仅使用相关标准来判断学前教育的质量，而后监督其达到标准中规定的状态，政府或专家不提供任何的专业支持，只是指出现有不足之处,并进行问责(姚伟 等,2019)。

消费者是质量评级与推进系统的重要利益相关者,也是市场力量的主要驱动力,家长在 QRIS 中的参与非常重要。将父母纳入 QRIS 系统,即通过市场选择、竞争和淘汰的方式,促进各种学前教育机构不断提高质量,以满足父母或消费者的需求,减少低质量的学前教育机构的数量,帮助家长能够选择优质的学前教育机构。最终确保更多的儿童获得高质量的学前教育服务,促进所有儿童在认知、社会情感等方面获得更好的发展,并为入学做好充分的准备(Lugogil,2011)。

但也有反对将家长满意度作为幼儿园教育质量评价最主要的依据的意见。一方面,由于父母缺乏关于儿童身心发展规律的系统科学知识,并且缺乏良好的社会支持,因此,他们无法掌握儿童成长的真正需求。另一方面,受制于幼儿园有限的开放时间与活动,他们不可能获知有关幼儿园教育过程的全面信息,他们对幼儿园教育质量的评价不可能是全面、准确、客观的,甚至是不科学、不合理的(原晋霞,2011)。

于越(2018)采用投入—产出效率评价理论框架,包括教育要素投入和教育产出评价两条主要的逻辑线索,关注师资建设、教学互动、管理制度和硬件设施方面的教育要素投入,以及幼儿的认知和非认知能力发展等方面的教育产出。根据多层线性回归模型构建基于学前教育投入—产出效率的家长满意度定量评价方法,考察教育产出的重要指标就是家长对幼儿各项能力发展的满意度。基本性发展涉及孩子的情绪、健康、品德三个方面,提高性发展包括幼儿的思维能力、生活能力、语言能力、认知能力和交往能力五个方面。自变量包括师资水平变量、家庭和教育机构互动情况、机构投入要素。

研究结果表明,从父母对孩子能力发展的满意度来看,在控制了儿童家庭投资对其发展的影响之后,师生比例、教师教育程度和管理水平都有显著促进作用,拥有学前教育专业本科以上学历的教师及机构管理制度的执行力度会发挥更大的作用,这将有助于改善儿童的发展评估。从具体的教师行为来看,教学能力强和运用先进教学方法是对促进儿童发展影响最显著的两项行为。黎日龙（2015）分析了浙江省某镇763名幼儿家长对学前教育公共服务中的幼儿园环境及设施、日常管理、幼儿表现、教师工作、服务供给情况进行的满意度评价，结果表明，幼儿家长对学前教育各方面的满意度偏低。刘婧（2015）从机构质量、教学及师资质量、保育质量和家园沟通质量四个维度分析了山西省某市家长对我国现阶段学前教育质量的满意度，结果发现，家长对学前教育质量的满意度整体较高，其均值达到4.51；四个维度中满意度最高的是家园沟通质量，其次是保育质量，满意度最低的是机构质量，其次是教学及师资质量。

（三）研究方法

OECD的学前教育质量观侧重于诠释学前教育满足个人和社会显现的、潜在的教育需求特征与价值。在学前教育质量的评价观上，OECD吸收了人力资本理论和其他有关理论的精髓，将市场经济的供需模型运用于教育，形成其教育指标体系的CIPP模式（context, input, process, product）（李敏谊等，2009）。该模式也运用在OECD学前教育质量的评价过程中，既分析学前教育质量的背景性因素，又注重质量促进中的结构性投入要素，还强调学前教育质量的过程性要素，并持续关注促进学前教育质量的多方面收效。

本研究的因变量是家长与入园前相比，观察到的孩子各领域的发展情况。依照《3~6岁儿童学习与发展指南》将儿童的发展分为健康发展、学习品质发展、社会性发展、语言能力发展、科学能力发展及艺术能力发展这六个维度，共31个具体指标，然后请家长依据其孩子入园前后的变化，对孩子各方面的能力发展进行评价，4表示有较大进步，3表示略有提高，2表示不变，1表示降低。家长对儿童各个领域的发展评价由因子分析法获得，均值为0，标准差为1。

本研究将影响儿童发展的因素分为以下层面：①区县层面，按照城镇化水平将7个区县分为市区和县级市两类。②幼儿园层面，按照幼儿园的所有制及办学层级，把幼儿园划分为公办省优幼儿园、普通公办幼儿园、民办省优幼儿园和民办普通幼儿园四类；家长对幼儿园结构性质量的评价包括硬件设施和教师素质的满意度；家长对幼儿园过程性质量的评价包括保育质量评价、知识性教学评价、活动教学评价和家园合作水平的评价；家长对幼儿园结构性质量和过程性质量的评价是由因子分析法获得，均值为0，标准差为1。家长对幼儿园的总体满意度以李克特5分量表衡量，其中1为很不满意，5为非常满意，最后求得家长对幼儿园满意度的均值。③班级层面，年级分为小班、中班和大班。④个体层面，包括幼儿的性别（男性 =1）；民族（少数民族 =1）；户籍类型（本地户口 =1，城镇户口 =1）；父母的教育水平（文盲/半文盲、小学及初中文化程度为低教育水平，高中/中职/技校文化程度为中等教育水平，大专/本科/研究生学历为高等教育水平）。职业层级则依照陆学艺（2002）提出的十大社会阶层标准，划分为国家与社会管理者阶层、经理人员阶层、私营企业主阶层、专业技术人员阶层、办事人员阶层、个体工商户阶层、商业服务人员阶层、产业工人阶层、农业劳动者阶层和城乡无业失业半失业者阶层；家庭的月平均收入水平（2 000元以下为低收入，2 000～5 000元为中低收入，5 000～8 000元为中等收入，8 000～15 000元为中高收入，15 000元以上为高收入）及家庭教育的基本情况（家长的教育期望值及是否参加补习班）。

由于家长调查采用的分层抽样方法，本研究所使用的数据存在复杂的嵌套关系，个体嵌套于所在班级，班级又嵌套于所在幼儿园，幼儿园又嵌套于所在区县。因此，本研究采用多层线性模型（Hierarchical Linear Models，HLM）来处理这种具有嵌套结构的数据。在建立的四层线性模型中，家长是第一层次，班级为第二层次，幼儿园为第三层次，市区为第四层次。具体的模型设定为：

层一模型

$$Y_{ijkl} = \pi_{0jkl} + \pi_{1jkl}(人口学特征)_{ijkl} + \pi_{2jkl}(户籍)_{ijkl} + \pi_{3jkl}(父母教育)_{ijkl} + \pi_{4jkl}(父母职业)_{ijkl} + \pi_{5jkl}(家庭收入水平)_{ijkl} + \pi_{6jkl}(家庭教育情况)_{ijkl} + e_{ijkl}$$

层二模型

$$\pi_{0jkl} = \beta_{00kl} + \beta_{01kl}(\text{中班})_{jkl} + \beta_{02kl}(\text{大班})_{jkl} + r_{0jkl}$$

层三模型

$$\beta_{00kl} = \gamma_{000l} + \gamma_{001l}(\text{幼儿园类型})_{kl} + \gamma_{002l}(\text{结果性质量评价})_{kl} +$$
$$\gamma_{003l}(\text{过程性质量评价})_{kl} + \gamma_{004l}(\text{家长总体满意度})_{kl} + u_{00kl}$$

层四模型

$$\gamma_{000} = \delta_{0000} + \delta_{0001}(\text{市区})_{l} + v_{000l}$$

(四) 结果

家长对幼儿园儿童发展评价影响因素的多层线性模型结果见表3-4。在区县层面，市区家长对于儿童艺术发展的评价显著低于县级市（$\delta_{0001} = -0.155$）。

表3-4 基于家长满意度的幼儿园质量对儿童发展的影响研究

固定效应	模型一	模型二	模型三	模型四	模型五	模型六
	健康	语言	社交	科学	艺术	学习品质
截距, δ_{0000}	0.004	0.029	0.09	-0.035	0.01	0.099
市区, δ_{0001}	-0.059	-0.099	-0.06	-0.019	-0.155*	-0.096
公立省优, γ_{001}	0.311**	0.259*	0.290**	0.194	0.085	0.104
民办省优, γ_{002}	0.137	0.185	0.189	0.066	0.002	0.072
民办普通, γ_{003}	0.184	0.162	0.164	0.014	0.07	0.057
硬件设施, γ_{004}	0.202	0.103	0.128	0.143	0.259	0.177
教师素质, γ_{005}	0.477***	0.127	0.379***	0.016	0.012	0.529***
保育评价, γ_{006}	0.584***	0.883***	0.912***	0.677**	0.734***	0.867***
知识教学, γ_{007}	-0.064	0.007	-0.016	0.083	0.007	0.034
活动教学, γ_{008}	0.470**	0.366*	0.149	0.1	0.179	0.043
家、园合作, γ_{009}	0.513***	0.581***	0.079	0.209	0.543***	0.793***
幼儿园满意度, γ_{010}	0.500***	0.711***	0.813***	0.036	0.221	0.879***
中班, β_{01}	-0.084	0.042	-0.101	-0.04	0.109*	-0.001

续表

固定效应	模型一	模型二	模型三	模型四	模型五	模型六
大班,β_{02}	0.165**	0.351***	0.193**	0.152**	0.123*	0.253**
个体特征	yes	yes	yes	yes	yes	yes
户籍特征	yes	yes	yes	yes	yes	yes
父母教育	yes	yes	yes	yes	yes	yes
父母职业	yes	yes	yes	yes	yes	yes
家庭收入	yes	yes	yes	yes	yes	yes
教育期望	yes	yes	yes	yes	yes	yes

在幼儿园层面，公办省优幼儿园家长对于儿童健康发展（$\gamma_{001}=0.311^{**}$）、语言能力发展（$\gamma_{001}=0.259^{*}$）和社会性发展（$\gamma_{001}=0.290^{**}$）的评价显著高于公办普通园；民办省优幼儿园和民办未评级园家长对儿童发展评价同公办普通幼儿园没有显著差异。

对于幼儿园的结构性质量评价，家长对于幼儿园硬件设施的评价同儿童发展没有显著作用；家长对于幼儿园教师素质的评价同儿童的健康发展（$\gamma_{005}=0.477^{***}$）、社会性发展（$\gamma_{005}=0.379^{***}$）和学习品质发展（$\gamma_{005}=0.529^{***}$）具有显著正向作用。

对于幼儿园过程性质量评价，家长对于幼儿园保育质量的评价同儿童健康发展（$\gamma_{006}=0.584^{***}$）、语言发展（$\gamma_{006}=0.883^{***}$）、社会性发展（$\gamma_{006}=0.912^{***}$）、科学能力发展（$\gamma_{006}=0.677^{**}$）、艺术能力发展（$\gamma_{006}=0.734^{***}$）和学习品质发展（$\gamma_{006}=0.867^{***}$）都有显著相关；家长对于幼儿园知识性教学的评价同儿童各领域能力的发展都不存在显著相关；家长对于幼儿园活动教学的评价同儿童健康发展（$\gamma_{008}=0.470^{**}$）、言语能力发展（$\gamma_{008}=0.366^{*}$）存在显著相关；家长对于幼儿园家园合作水平的评价同儿童健康发展（$\gamma_{009}=0.513^{***}$）、言语能力发展（$\gamma_{009}=0.581^{***}$）、艺术能力发展（$\gamma_{009}=0.543^{***}$）和学习品质发展（$\gamma_{009}=0.793^{***}$）存在显著正相关。

本研究中家长对于幼儿园总体满意度为 4.76，有 80.8% 的家长对幼儿园教育质量非常满意，有 16.2% 的家长对幼儿园教育质量比较满意。家长幼儿园总体教育满意度同儿童健康发展（$\gamma_{010} = 0.500^{***}$）、言语发展（$\gamma_{010} = 0.711^{***}$）、社会性发展（$\gamma_{010} = 0.813^{***}$）及学习品质发展（$\gamma_{010} = 0.879^{***}$）存在显著正相关。

在班级层面，大班家长对于儿童健康发展（$\beta_{02} = 0.165^{**}$）、言语能力发展（$\beta_{02} = 0.351^{***}$）、社会性能力发展（$\beta_{02} = 0.193^{**}$）、科学能力发展（$\beta_{02} = 0.152^{**}$）、艺术能力发展（$\beta_{02} = 0.123^{*}$）和学习品质发展（$\beta_{02} = 0.253^{**}$）的评价都要显著高于小班儿童家长。

（五）讨论及结论

要建立学前教育质量监测体系，首先必须确定学前教育质量监测的定位。目前对于应该监测学前教育质量的哪些方面有两种主要观点：对儿童入园发展过程的监测和对学前教育结果的监测。持过程监测观点的研究者认为，质量的测量应建立在说明与儿童发展结果相关联的表现指标上（Schweinhart，1987；Millar，2003）。支持结果监测的研究者认为，学前教育质量的关键问题是考察学前教育机构经过一段时间的教育是否取得了预期的结果。所谓的教育结果具有多种含义：第一种结果主要是指儿童的发展，即儿童在各个领域的发展状况，其中认知发展被认为是监测的重点，因为它被公认是儿童入学准备的重要方面；第二种结果是儿童学业的发展，这种结果往往不是考察学前阶段的学业情况，而是考察儿童入园及学前教育机构的质量对儿童入小学以后的学业的影响；第三种结果是给社会带来的影响，如儿童成了合格的公民，而不是青少年罪犯（辛涛 等，2013）。

本研究认为学前教育质量监测体系应以儿童发展为核心，对结构性指标和过程指标的研究则是为了学校针对性的改进和提升教学和管理质量。对于家长对硬件设施的满意度与儿童发展没有显著影响。幼儿园结构性质要素中的场地、设施设备等"硬件"条件在一定程度上能够预测学前儿童的发展，但其对教育结果的影响往往存在"门槛效应",当这些条件性质量达不到合格要求的时候,它们会严重影响幼儿的发展,而一旦这些条件性质量超过了某个特定水平的临界点,它们的提高就不能带来儿童发展和学习结果的持续增长(刘昊,2014)。本研究中该市对不同办园体制幼儿园的硬件设施都有具体而明确的要求,所有幼儿园的硬件设施都能够保证教师教学和儿童活动的要求。中国以前普遍使用的幼儿园评级标准中,投入性质量所占比重过大(戴双翔 等,2003),将园舍设备这样的结构性指标分成三六九等去评价,人为地导致幼儿园之间的攀比。在学前教育当中,人与人之间的交流、互动才是真正不可替代的要素,只有在教师充分挖掘和利用的前提下,硬件才能对儿童发展发挥相应的作用。

本研究发现,家长对教师素质的满意度越高,其对子女能力发展的评价也越高。大量研究证明,教师的资历、教师对儿童发展和学习的理解、教师开展具有年龄适宜性实践的能力、教师的领导力和问题解决的能力,以及设计教学方案的能力、沟通能力、领域知识等都对儿童的发展和学习有着重要影响(OECD,2012)。阿内特(Arnett,1989)和巴内特(Barnett,2003)发现,教师的专业资格与他们的教学行为、教育活动的质量及儿童的发展水平呈正相关,教师的专业培训与更频繁的师生互动、更少的忽略幼儿及惩罚幼儿的行为之间存在负相关。Phillips 等(1992)研究发现,教师的教育程度越高,对儿童表现出更多的关注和更和善的态度,惩罚和严厉批评的使用就越少。师生之间的高质量互动与儿童的认知、社会情感和语言发展成正比。教师资格通常与教师在课堂上的行为(如对儿童作出反应的敏感性)、针对本班儿童的教育活动质量及儿童发展水平的得分有正相关;对于具有学前本科学历的教师来说,其班上儿童的认知发展能力要好于那些没有学前本科学历教师班上的儿童。但是在我国进行的一项研究发现,教师资格的差异对儿童的发展产生的影响很小(项宗萍 等,1995)。这可能与教师培训的质量有关,也可能与幼儿园对教师的要求、教师的实际能力、在职进修及自我提高的努力有关。于越(2018)发现,对基本性儿童发展和提高性儿童发展都有显著影响的变量是师资水平,并且呈现正相关关系,拥有本科以上学历的教师比例越高,意味着教师的平均学历越高,相应的儿童发展指标也更好。

本研究发现,家长对活动教育的满意度(而不是知识教学),与儿童的发展呈正相关。教育部也加大了整治幼儿园教育"小学化"问题的力度,先后下发了《关于规范幼儿园保育教育工作 防止和纠正"小学化"现象的通知(2011)》和《关于开展幼儿园"小学化"专项治理工作的通知(2018)》,并将2016年"全国学前教育宣传月"的主题确定为"幼小协同,科学衔接",以期实现对"小学化"问题的有效治理。教育部在《关于实施第三期学前教育行动计划的意见》中明确要求:完善幼儿园保教质量评估体系,规范办园行为,消除"小学化"倾向,全面提高幼儿园保教质量。

参 考 文 献

[1] 柏檀,熊筱燕,王水娟. 我国学前教育财政投入问题探析 [J]. 教育与经济,2012 (1).

[2] [匈] 波兰尼. 大转型——我们时代的政治和经济起源 [M]. 冯钢,刘阳,译. 杭州:浙江人民出版社,2007.

[3] 步滕滕. 幼儿园择园因素研究 [J]. 潍坊工程职业学院学报,2018 (3):52 – 56,72.

[4] 步社民. 学前教育的"市场化之伤"——以浙江省部分区域为例 [J]. 教育发展研究,2000 (20):28 – 32.

[5] 蔡迎旗,冯晓霞. 政府财政投资学前教育的合理性——来自国外的教育经济学分析 [J]. 比较教育研究,2007 (4).

[6] 蔡迎旗. 学前教育财政投入与政策 [M]. 北京:教育科学出版社,2007.

[7] 曹中平,蒋欢. 游戏功能的再认识——来自脑科学研究的启示 [J]. 学前教育研究,2005 (z1):33 – 36.

[8] 陈小安. 准公共产品供给与定价的理论和实践研究 [D]. 重庆:西南财经大学,2002.

[9] 陈天红. 对"禁止择园"政策的现实性分析 [J]. 教学与管理 (中学版),2005 (3):5 – 7.

[10] 陈国权,吴帅. 责任政府的公共服务取向 [J]. 社会科学战线,2009 (4):196 – 201.

[11] 陈振明,等. 公共服务导论 [M]. 北京:北京大学出版社,2011.

[12] 储朝晖. 走出教育公平的观念误区 [J]. 中国教育学刊,

2005（7）：9-11.

［13］褚宏启. 基于学校改进的学校自我评估［J］. 教育发展研究，2009（24）：47-53.

［14］戴双翔，刘霞. 我国现行托幼机构教育质量评价工具研究［J］. 学前教育研究，2003（7）：39-41.

［15］大宫勇雄. 提高学前教育质量［M］. 上海：华东师范大学出版社，2009.

［16］邓银城. 论教育过程公平与学生的差异性［J］. 湖南师范大学教育科学学报，2010（6）：43-46.

［17］杜凤莲，董晓媛. 转轨期女性劳动参与和学前教育选择的经验研究：以中国城镇为例［J］. 世界经济，2010（2）：53-68.

［18］范先佐，周文良. 论教育成本的分担与补偿［J］. 华中师范大学学报（人文社会科学版），1998（1）：24-31.

［19］冯晓霞. 大力发展普惠性幼儿园是解决入园难入园贵的根本［J］. 学前教育研究，2010（5）：4-6.

［20］冯明. 公共政策学视野下的"就近入学"［J］. 上海教育研究，2003（10）：14-17.

［21］傅瑜，胡方，周莹. 学前教育质量监测与评价研究述评［J］. 教育测量与评价（理论版），2014（6）：24-28.

［22］郭良菁，何敏. 儿童发展水平应该作为幼儿园质量评价的标准吗［J］. 上海教育科研，2006（10）：57-59.

［23］郭宗莉. 科学性：上海学前教育的主线和代表符号［J］. 教育发展研究，2010（13）：45-47.

［24］贡森，葛延风. 福利体制和社会政策的国际比较［M］. 北京：中国发展出版社，2012.

［25］［美］戈德史密斯，等. 网络化治理：公共部门的新形态［M］. 孙迎春，译. 北京：北京大学出版社，2008.

［26］韩玉梅，杨晓萍，宋乃庆. 美国优质学前保教资源获取性测评：内涵、指标与策略［J］. 学前教育研究，2018（10）：22-35.

[27] 黄爽, 霍力岩. 美国《学前教育机构质量评价系统》的特点及其启示 [J]. 外国中小学教育, 2018 (3): 42-50.

[28] 黄幼岩. 转型期我国教育资源配置低效率探析 [J]. 当代教育论坛, 2006 (16): 29-31.

[29] 黄铮. 建构学前教育公共服务体系 [J]. 上海教育, 2010 (9).

[30] 黄晓婷, 宋映泉. 学前教育的质量与表现性评价——以幼儿园过程性质量评价为例 [J]. 北京大学教育评论, 2013 (1): 2-10.

[31] 霍力岩, 沙莉, 郑艳. 世界部分国家学前教育基本属性的比较研究 [J]. 比较教育研究, 2011 (6): 5-9.

[32] 霍力岩, 房阳洋, 孙蔷蔷. 美国学前教育项目质量评价: 内容、特点与启示 [J]. 教育理论与实践, 2016 (5): 20-24.

[33] 胡伟, 杨安华. 西方国家公共服务转向的最新进展与趋势: 基于美国地方政府民营化发展的纵向考察 [J]. 政治学研究, 2009 (3): 105-113.

[34] 胡伟. 学前教育质量评价研究 [J]. 中国高等教育评估, 2016 (2).

[35] 江夏. "准公共产品"抑或"公共服务"——不同视域中的学前教育属性及其供给差异 [J]. 教育理论与实践, 2017 (11): 17-20.

[36] 江夏. 儿童福利: 学前教育事业发展研究的新视角 [J]. 学前教育研究, 2011 (5): 15-20.

[37] 金锦萍. 为什么非得非营利组织——论合约失灵场合中社会公共服务的提供 [J]. 社会保障评论, 2018 (1).

[38] 句华. 公共服务中的市场机制: 理论、方式与技术 [M]. 北京: 北京大学出版社, 2006.

[39] 劳凯声. 教育市场的可能性及其限度 [J]. 北京师范大学学报: 社会科学版, 2005 (1): 15-22.

[40] 李克建, 胡碧颖. 国际视野中的托幼机构教育质量评价——兼论我国托幼机构教育质量评价观的重构 [J]. 比较教育研究, 2012

(7): 17-22.

[41] 李克建. 中国托幼机构教育质量评价研究 [M]. 北京: 北京师范大学出版社, 2017.

[42] 李敏谊, 霍力岩. 国际学前教育指标体系建设的新趋势 [J]. 比较教育研究, 2009 (12): 71-77.

[43] 李靖. 论公共服务型政府在公共产品提供中的政府绩效管理 [J]. 华中师范大学研究生学报, 2007 (3): 128-131.

[44] 李琳. 学前教育督导评估体系建设探索——以上海市为例 [J]. 中国教育学刊, 2014 (3): 8-12, 17.

[45] 李玉杰, 肖晓雪. 发达国家学前教育机构保教质量评价的特点及其启示 [J]. 教育探索, 2014 (12): 142-144.

[46] 李涛. 就近入学, 真的公平 [J]. 教育发展研究, 2015 (6).

[47] 李雪晗. 幼儿园选择问题的深层含义及其社会学思考 [J]. 当代学前教育, 2009 (3): 42-44.

[48] 李辉. 我国学前教育发展中的公私合作: 问题与建议 [J]. 教育发展研究, 2014 (18).

[49] 黎日龙. 学前教育公共服务满意度调查研究 [D]. 金华: 浙江师范大学, 2015.

[50] 梁慧娟. 我国地方普惠性民办园教师政策分析及其启示 [J]. 学前教育研究, 2014 (6).

[51] 梁慧娟. 改革开放40年我国学前教育事业发展的回望与前瞻 [J]. 学前教育研究, 2019 (1): 9-21.

[52] 刘婧. 基于家长满意度的我国学前教育质量研究 [D]. 北京: 北京理工大学, 2015.

[53] 刘天娥. 公共财政资助民办幼儿园的依据与方式 [J]. 天津师范大学学报基础教育版, 2013 (4): 61-66.

[54] 刘颖, 李晓敏. OECD国家学前教育质量监测系统分析及其对我国的启示 [J]. 学前教育研究, 2016 (3): 3-14.

[55] 刘国艳, 陈圆圆, 陈玮玮. 教育公平视角下不同家庭背景学

前教育机会获得研究——基于深圳市的实证调查数据［J］．教育与经济，2016（5）．

［56］刘丽湘．当前我国教育质量评价工作的误区及调整策略［J］．学前教育研究，2016（8）．

［57］刘宝根，李菲菲，宋武．基于家长描述的幼儿园教育内容观研究［J］．学前教育研究，2006（4）：50－52．

［58］刘霞．托幼机构教育质量：概念与构成［J］．学前教育，2004（11）．

［59］刘占兰．幼儿园教育质量评价手册［M］．北京：教育科学出版社，2009．

［60］刘占兰．学前教育必须保持教育性和公益性［J］．教育研究，2009（5）．

［61］刘占兰．幼儿园的保教质量是入园率的意义前提［J］．学前教育研究，2010（5）．

［62］刘占兰，等．中国幼儿园教育质量评价——十一省市幼儿园教育质量调查［M］．北京：教育科学出版社，2011．

［63］刘昊，王芳，冯晓霞．美国学前教育质量评级与促进系统评介［J］．比较教育研究，2010（4）：74－97．

［64］刘昊．学前教育质量评估研究中统计分析方法的新发展［J］．学前教育研究，2013（2）：23－28，38．

［65］刘昊．我国学前教育质量监控中需处理的三对关系［J］．学前教育研究，2014（1）．

［66］刘昊．美国、澳大利亚学前教育质量监控系统比较及启示［J］．首都师范大学学报（社会科学版），2013（6）．

［67］刘焱．试论托幼机构教育质量评价的几个问题［J］．学前教育研究，1998（3）．

［68］刘焱．英国学前教育现行国家政策与改革［J］．比较教育研究，2003（9）：11－16．

［69］刘焱，潘月娟．《幼儿园教育环境质量评价量表》的特点、

结构和信效度检验［J］．学前教育研究，2008（6）．

［70］刘焱．对我国学前教育几个基本问题的探讨——兼谈我国学前教育未来发展思路［J］．教育发展研究，2009（8）．

［71］刘焱，杨晓萍，潘月娟，等．我国城乡学前一年班级教育环境质量的比较研究［J］．教育学报，2012（3）：74-83.

［72］刘焱，秦金亮．学前一年幼儿入学语言准备的城乡比较研究［J］．教育学报，2012（5）：90-97.

［73］刘焱，史瑾，潘月娟．世界学前教育排名比较研究与启示［J］．比较教育研究，2013（2）：1-8.

［74］刘焱．普惠性幼儿园发展的路径与方向［J］．教育研究，2019（3）：25-28.

［75］卢映川，万鹏飞．创新公共服务的组织与管理［M］．北京：人民出版社，2007.

［76］吕苹，王一涛，安民．教育是公共产品吗？——对一个流行观点的质疑［J］．复旦教育论坛，2004（5）：37-41.

［77］吕苹，付欣悦．政府与民办学前教育机构的合作关系［J］．学前教育研究，2013（10）．

［78］马兴．"办好学前教育"政府职能的分析与思考［J］．教育与教学研究，2014（7）：113-116.

［79］孟倩．多元主体视角下的学前教育质量评价［J］．陕西学前师范学院学报，2018（12）：1-5.

［80］苗素莲，冯静怡．家长对幼儿园教师满意度调查研究——以广州市天河区为例［J］．外语艺术教育研究，2015（1）：25-41.

［81］庞丽娟，沙莉，刘小蕊．英国布莱尔政府学前教育改革政策及其主要特点［J］．比较教育研究，2008（8）：34-38.

［82］庞丽娟．中国教育改革30年（学前教育卷）［M］．北京：北京师范大学出版社，2009.

［83］庞丽娟，洪秀敏，孙美红．高位入手顶层设计我国学前教育政策［J］．教育研究，2012（10）：104-107.

[84] 庞丽娟, 夏婧. 国际学前教育发展战略: 普及、公平与高质量 [J]. 教育学报, 2013 (3): 49-55.

[85] 庞丽娟, 孙美红, 夏婧. 世界主要国家和地区政府主导推进学前教育公平的政策及启示 [J]. 学前教育研究, 2014 (1): 53-59.

[86] 庞丽娟, 冯江英. 学前教育公共服务分类与"一主多元"供给机制设计 [J]. 中国教育学刊, 2014 (7).

[87] 潘月娟, 刘焱. 托幼机构教育中的儿童发展评价 [J]. 学前教育 (教育科学), 2009 (5).

[88] 彭兵. 武汉市幼儿园保教质量评估与监测现状及发展对策 [J]. 学前教育研究, 2013 (8): 14-21.

[89] 彭涛. 论公私合作伙伴关系在我国的实践及其法律框架构建 [J]. 政法论, 2006 (12).

[90] 秦金亮, 高孝品, 王园. 不同办园体制幼儿园的师幼互动质量分析 [J]. 教育研究与实验, 2017 (1).

[91] 秦金亮. 全球背景下学前教育质量评价与发展路径 [J]. 浙江师范大学学报 (社会科学版), 2017 (2).

[92] 钱雨. 澳大利亚学前教育质量评估研究的发展与启示 [J]. 外国教育研究, 2012 (9): 3-8.

[93] 钱雨. 世界学前教育质量监管体系的发展特点与趋势分析及其对我国的启示 [J]. 学前教育研究, 2012 (12): 14-19.

[94] 屈智勇, 何欢, 张秀兰. 从企业/社区服务到国家公共服务体系: 学前教育的政府责任 [J]. 北京师范大学学报 (社会科学版), 2011 (6): 108-115.

[95] 佘宇. 学前教育健康发展的基本思路探讨——基于目标定位、政府责任及投入方式的分析 [J]. 发展研究, 2013 (11): 88-96.

[96] 佘宇等. 为了孩子, 为了明天——促进学前教育健康发展研究 [M]. 北京: 中国发展出版社, 2015.

[97] 佘宇, 单大圣. 努力发展普惠而有质量的学前教育 [J]. 行政管理改革, 2019 (2): 16-22.

[98] 申素平. 父母、国家与儿童的教育 [J]. 比较教育研究, 2009 (3): 12-15.

[99] 沈海驯, 李丽. 义务教育公平与民众的教育选择 [J]. 教育研究, 2010 (12): 14-16.

[100] 宋丽芹. 挪威高质量普及学前教育的制度保障及启示 [J]. 外国中小学教育, 2019 (4): 10-18.

[101] 孙阳, 杨小微, 徐冬青. 中国教育公平指标体系研究之探讨 [J]. 教育研究, 2013 (10).

[102] 孙东. 学前教育机会公平的实证研究——基于南京市学前教育审计调查 [J]. 上海教育科研, 2013 (2).

[103] 唐林兰. 从幼儿家长的择园观谈择园策略 [J]. 酒城教育, 2012 (2): 74-76.

[104] 泰克希拉等. 高等教育中的市场: 理想还是现实 [M]. 北京: 北京师范大学出版社, 2008.

[105] 田凯. 西方非营利组织理论述评 [J]. 中国行政管理, 2003 (6): 59-64.

[106] 王海英. 坚持政府主导的内涵、原则与可能的风险 [J]. 学前教育, 2011 (9): 1-6.

[107] 王海英. 学前教育不公平的社会表现、产生机制及其解决的可能途径 [J]. 学前教育研究, 2011 (8): 12-18.

[108] 王海英. "三权分立"与"多中心制衡"——试论学前教育公共服务多元供给主体间的关系 [J]. 教育学术月刊, 2013 (1).

[109] 王海英. 我国学前教育公共服务体系的组成与构建 [J]. 学前教育研究, 2014 (7): 19-25.

[110] 王敏. 教育质量的内涵及衡量标准初探 [J]. 东北师范大学学报(哲学社会科学), 2000 (2): 20-23.

[111] 王水娟, 柏檀. 学前教育公共服务中的政府责任: 依据、问题与合理界定 [J]. 教育学术月刊, 2013 (1).

[112] 王丽娟, 李兰芳, 刘淑红. 幼儿园保教质量评估标准存在

的问题与改革方向——以 G 省为例 [J]. 西北成人教育学院学报, 2015 (5): 96-100.

[113] 王吉, 王志军. 美国学前教育质量认证研究——以全美幼教协会《早教项目标准及认证指标》为例 [J]. 现代教育管理, 2013 (10).

[114] 王鹏程, 龚欣. 家庭收入与学前教育机会——基于 CFPS 数据的实证研究 [J]. 教育发展研究, 2018 (Z2).

[115] 王彦波, 王默. 学前教育在政府与市场之间的选择——兼论我国学前教育供给中的政府边界 [J]. 现代教育论丛, 2017 (6).

[116] 汪丁丁. 市场经济与道德基础 [M]. 上海: 上海人民出版社, 2007.

[117] 文东茅. 我国城市义务教育阶段的择园及其对弱势群体的影响 [J]. 北京大学教育评论, 2006 (2): 12-23.

[118] 西尔瓦. 学前教育的价值: 关于学前教育有效性的追踪研究 [M]. 余珍有, 易进, 译. 北京: 教育科学出版社, 2011.

[119] 吴华, 胡威. 公共财政为什么要资助民办教育 [J]. 北京大学教育评论, 2012 (2): 43-45.

[120] 吴遵民, 沈俊强. 论择园与教育公平的追求——从择园政策的演变看我国公立学校体制变革的时代走向 [J]. 清华大学教育研究, 2006 (6).

[121] 项宗萍. 从"六省市幼教机构教育评价研究"看我国幼教机构教育过程中的问题与教育过程的评价取向 [J]. 学前教育研究, 1995 (2): 31-35.

[122] 项宗萍, 廖贻. 六省市幼教机构教育评价研究 [M]. 北京: 教育科学出版社, 1995.

[123] 邢芸, 胡咏梅. 流动儿童学前教育选择: 家庭社会经济背景及迁移状况的影响 [J]. 教育与经济, 2015 (3): 52-57.

[124] 夏超, 张资华. 基本公共需求的界定 [J]. 当代经济, 2009 (4): 50-51.

[125] 辛涛, 乐美玲. 学前教育质量监测的几个问题 [J]. 学前

教育研究, 2013 (9): 4-8.

[126] 薛二勇. 区域内义务教育均衡发展指标体系的构建 [J]. 北京师范大学学报 (社会科学版), 2013 (4).

[127] 姚伟, 许浙川. 构建学前教育质量保障体系的国际趋势研究 [J]. 东北师大学报 (哲学社会科学版), 2019 (1): 153-158.

[128] 杨莉君, 胡洁琼. 农村儿童家庭对学前教育公共服务的基本需求及对策研究——以湖南省为例 [J]. 湖南师范大学教育科学学报, 2013 (2): 98-102.

[129] 杨莉君, 彭荣. 论过程性的学前教育基本质量评价观 [J]. 湖南师范大学教育科学学报, 2017 (6).

[130] 杨莉君. 幼儿园保教质量评估指标体系建构研究 [J]. 教师教育研究, 2017 (5): 81-88.

[131] 杨大伟. 我国学前教育质量监测的现实困境及发展对策 [J]. 现代教育管理, 2018 (8): 52-58.

[132] 杨东平. 中国教育公平的理想与现实 [M]. 北京: 北京大学出版社, 2006.

[133] 易丽. 美英加三国择园策略及其对我国教育改革的启示 [J]. 天津师范大学学报 (基础教育版), 2005 (6).

[134] 虞永平. 幼儿园教学活动的评价 [J]. 早期教育: 教师版, 2005 (3): 8-9.

[135] 虞永平. 试论政府在学前教育发展中的作用 [J]. 学前教育研究, 2007 (1).

[136] 虞永平. 人民群众需要高质量的学前教育 [J]. 人民教育, 2013 (Z1).

[137] 虞永平. 建设益童、惠民、利国的学前教育公共服务体系 [J]. 人民教育, 2014 (11): 33-35.

[138] 余海军. 印度发展学前补偿教育项目的经验及启示 [J]. 比较教育研究, 2012 (7): 10-14.

[139] 余璐, 黄甫全. 让每个幼儿都享有优质教育——《国际儿

童教育协会全球指导性评估量表》述论 [J]. 教育研究, 2013 (9): 143-152.

[140] 于越. 基于投入——产出效率评价的我国学前教育家长满意度研究 [J]. 黑龙江科学, 2018 (9): 148-153.

[150] 原晋霞. 构建有质量的学前教育基本公共服务体系 [J]. 教育学术月刊, 2013 (1): 86-90.

[151] 原晋霞. 对把家长满意度作为幼儿园教育质量评价最主要依据的质疑 [J]. 学前教育研究, 2011 (12).

[152] 翟艳, 肖延红. 基于家长描述的幼儿园教育选择之研究 [J]. 天津市教科院学报, 2012 (3).

[153] 赵南. 公办幼儿园的重新界定与区域发展策略——基于学前教育公共服务体系的视角 [J]. 湖南师范大学教育科学学报, 2014 (4).

[154] 张东娇. 义务教育阶段择园行为分析: 社会资本结构的视角 [J]. 教育发展研究, 2010 (2).

[155] 张启睿, 边玉芳, 王烨晖等. 学校教育环境与资源对青少年学业成就的影响 [J]. 教育研究, 2012 (8): 32-40.

[156] 张启春. 公共财政学教程 [M]. 北京: 中国经济出版社, 2004.

[157] 曾晓东. 转型期我国学前教育发展的体制问题 [J]. 学前教育, 2005 (5): 4-6.

[158] 曾娅琴. 农村学前教育政府供给效率研究 [J]. 武汉理工大学学报 (社会科学版), 2014 (4): 609-614.

[159] 曾娅琴. 供需矛盾下西部农村儿童早期教育供给的制度变革: 基于重庆市的调查 [J]. 重庆理工大学学报: 社会科学版, 2014 (1).

[160] 珍妮特·登哈特, 罗伯特·登哈特. 新公共服务: 服务, 而不是掌舵 [M]. 方兴, 丁煌, 译. 北京: 中国人民大学出版社, 2010.

[161] 郑子莹, 王德清. 学前教育公共服务体制下政府作用的合理边界 [J]. 中国教育学刊, 2012 (12): 35-38.

[162] 郑子莹. 我国学前教育普惠性概念的建构及政府责任 [J]. 四川教育学院学报, 2012 (11): 7-10.

[163] 郑楚楚, 姜勇, 王洁等. 公办学前教育资源区域配置的空间特征与均衡程度分析 [J]. 学前教育研究, 2017 (2).

[164] 郑名. 学前教育三年行动计划成效分析与政策建议 [J]. 学前教育研究, 2014 (8): 34-43.

[165] 周永明, 林佩玲. 宁波学前教育事业发展的制度设计 (上) [J]. 学前教育研究, 2010 (2).

[166] 周欣. 建立全国性学前教育质量监测体系的意义与思路 [J]. 学前教育研究, 2012 (1): 23-27.

[167] 周欣. 托幼机构教育质量的内涵及其对儿童发展的影响 [J]. 学前教育研究, 2003 (Z1).

[168] 周皓, 巫锡炜. 流动儿童的教育绩效及其影响因素: 多层线性模型分析 [J]. 人口研究, 2008 (4): 24-34.

[169] 周义程. 公共服务供给主体选择的悖论及其消解策略 [J]. 行政与法, 2005 (11).

[170] 周桂勋, 丁海东. 学前教育"小学化"的教育哲学批判 [J]. 学前教育研究, 2017 (1).

[171] 钟仁耀. 社会救助与社会福利 [M]. 上海: 上海财经大学出版社, 2005.

[172] 中央教育科学研究所学前教育研究室. 幼儿园教育质量评价手册 [M]. 北京: 教育科学出版社, 2009.

[173] 徐光辉. 幼儿园教育环境质量和幼儿语言发展水平关系研究 [D]. 金华: 浙江师范大学硕士学位论文, 2011.

[174] 陆学艺. 当代中国社会阶层研究报告 [M]. 北京: 社会科学文献出版社, 2002.

[175] 唐建琴. 概念教学最要紧的是第一印象 [J]. 数学学习与研究, 2011 (12): 124.